60388

INHALT.

PAPYRUS EBERS.

DIE MAASSE
UND DAS KAPITEL ÜBER DIE AUGENKRANKHEITEN

VON

GEORG EBERS
MITGLIED DER KÖNIGL. SÄCHS. GESELLSCHAFT DER WISSENSCHAFTEN.

———

ERSTER THEIL.
DIE GEWICHTE UND HOHLMAASSE DES PAPYRUS EBERS.

I. DIE MAASSE.

1. Vorwort.

Der Papyrus Ebers steht in der von uns hergestellten Publication[1] jedermann zur Verfügung. Wegen seiner durchaus correcten
Schreibung hat er bisher die wichtigsten Dienste dem Grammatiker
geleistet, der seiner nicht entrathen kann, sobald er sich der Er-
forschung des Alt-Aegyptischen im Gegensatz zu dem sogen. Neu-
Aegyptischen der Papyri aus der XIX. und XX. Dynastie zuwendet.
Für die Kulturgeschichte und die Geschichte der Medizin ist
sein Inhalt gleichfalls von hohem Interesse und vielfach benutzt
worden; der Arzt aber hat mit den vorgeschlagenen Mitteln bisher
wenig zu machen gewusst, oder ist an den fragmentaren Über-
setzungen einzelner Recepte vorübergegangen, schon weil von den
verschriebenen Droguen viele unbestimmt bleiben mussten und über
die Maasse, mit denen sie zu nehmen sind, gar nichts feststand.
Auch die Absurditäten, welche der Pap. an einzelnen Stellen enthält, und die man mit weit grösserem Behagen als das Gute, wovon
so viel ist, hervorzog, schreckten ihn ab. Da stellten wir uns denn
die Aufgabe, diese schöne Handschrift so zu behandeln, dass sich
auch Nichtaegyptologen, Ärzte, Naturkundige und Sprachforscher jeder
Art ein zutreffendes Bild von ihr bilden können, und sie ist im Ganzen
so beschaffen, dass sie ihrem Autor, wenn wir die Verhältnisse bedenken, unter denen er sie verfasste, zur Ehre gereicht.

---

1) Papyrus Ebers, conserviert in der Universitätsbibliothek zu Leipzig. Ein
hieratisches Handbuch altaegyptischer Arzneikunde. Herausgegeben, mit Einleitung
und der Übersetzung der vorkommenden Krankheiten versehen von Georg Ebers.
Mit Unterstützung des kgl. sächs. Ministeriums des Kultus und öffentlichen Unter-
richtes. Leipzig. W. Engelmann 1875.

...
... Wünsche wir, ... wir ... gehabt, ... ganze Buch
... Wir ... Bemerkungen ... und ihn mit einem ...
... unter dem Texte zu versehen.

In ... Weise ... wir ... ... die ganze Handschrift. Für's Erste aber unsere Methode nur auf einen
... Abschnitte des Papyrus, den den Augenkrankheiten
... kennzulernen.

... bereits durch Herodot erfahren wir, dass die Specialität
unter den aegyptischen Ärzten mit besonderer Strenge durch ...
... Der Oculist durfte nur die Leiden des Gesichtsinnes ...
keine anderen behandeln, und die Augenärzte vom Nil erhielten
... den anderen Völkern des Alterthums den höchsten Ruhm.
Aegypten ist noch heute noch eine bevorzugte Brut- und ...
... für Augenkrankheiten. Über diese und ihre Behand...
weise von Seiten der Aegypter Näheres zu erfahren, lag
... Doctoren am Herzen, und mehrere wandten sich dem ...
mit Anfragen und der Aufforderung, ihnen das Verständniss des ...
... zu eröffnen; an den Verfasser. So wählten wir das den Au...
... gewidmete Kapitel, um unsere Methode an ihm zu erp...
und den Ärzten, Linguisten und Freunden der Geschichte der Med...
eine sichere Unterlage für das eigene Studium zu bieten:

Über den Papyrus selbst, seine Herkunft, die Zeit seiner Ab...
... etc. haben wir im Vorwort zu unserer Publication der Handschrift[2] das Nöthige gesagt, und was zwischen dem Abschluss ...
genannten Werkes und dem heutigen Tage auf diesem Forschungs-
felde geleistet wurde, das hat unsere fundamentalen Ansichten nur
bestätigt und zu dem im Vorwort zum Pap. Ebers Bemerkten wenig
Neues gefügt.

Unsere Handschrift ist das hermetische Buch über die Arznei-
mittel (περὶ φαρμάκων), das Clemens von Alexandria[3] erwähnt, ...

---

2) Pap. Ebers. Bd. I. S. 1—19.
3) Clemens Alexandrinus. Stromata ed. Potter. VI. p. 758. § 636.

... wir ...
... werden ..., indem wir ...
... Für ... liessen wir es bei ..., obgleich ...
... grammatische Natur (j) wohl bekannt ist. So ...
... war nicht leicht — denn manches sieht ihm ähnlich — ...
... dennoch entschlossen. Bei ... ...
... Gleichmässe, weil wir nichts Bequemeres, und in jeder ...
... Vorhandenes für sie einzusetzen wussten.

... So gestaltet sich denn die einfache und verständliche ...
..., deren ich mich im Anschluss an die Lautlehre von ...
..., nachdem ich sie gleichen Emendationen unterworfen, wie folgt:

Dieser Transscriptionsmethode eignet auch der Vorzug, dass sie ... wo es angeht, an die bekannten und in den Druckereien vor... ...en Zeichen des Lepsius'schen Standardalphabetes anschliesst. ... ...ne einzige Letter würde neu zu giessen sein; denn das ..., das ...cht aus a und ' zusammengesetzt wird, ist ohnehin für die Um-

... in den Pflanzenreich gehörenden Namen ...

... die Bedeutung des ...
... Worte ... die Heilmittel oder zur Behandlung ...
... körpertheile bezeichnen. So bietet sich es denn ... geboten
... dem Nichtaegyptologen diese wichtigen Hülfsmittel ...
... chen und setzen darum hinter den Namen jedes Medicaments
... Determinativen. ...

Die Gruppe ... wird also nicht nur ... sondern
... transscribiert werden, um dem Leser zu zeigen, dass das
... geschriebene Wort zu den Vegetabilien — für Ausnahme der
..., die ihr eigenes Klassenzeichen haben — ... werden ...
Das sehr häufige ... umschreiben wir nicht
..., sondern prt ... woraus dann hervorgeht, dass
... etwas in Gestalt eines Kornes (Korn, Samen, Beere), ...
... aber einen Baum darstellt, und zwar wegen des ...
... mit riechenden oder durch den Handel ...
... der Beigabe beider Determinativa kann der Leser ...
..., dass die ganze Gruppe den Samen oder einen ...
... bezeichneten Producte eines Baumes bedeutet. Was die

6. 𓁶 Haar; doch auch das Behaarte: das Fell, die Haut und ihre Farbe. Bisweilen auch die Feder des Vogels[10]). Auch »Trauer« wegen des für den Trauernden charakteristischen abgeschorenen Haares nach einem Todesfalle.

7. 𓅧 Vögel, doch auch anderes Fliegendes wie die Insekten.

8. 𓄿 Flügel, Feder.

9. 𓅓 Flügel.

10. 𓏵 Ei.

11. 𓆟 , 𓆝 , 𓆞 Fisch.

12 = 4. 𓊆 Gräte.

13. 𓆗 Schlange, Würmer.

14. 𓂋 Aus dem Körper kommende Ausflüsse, die gewöhnlich aus Wunden oder dem Munde kommen. Blut, Eiter, Speichel, vomitus, vomitio; doch weder Urin noch Excremente.

15. 𓆰 Kräuter und andere Pflanzen, die keine Bäume sind.

16. 𓆸 , 𓈅 Bäume.

17. 𓆱 Holz.

18. 𓏤 Dorn[11]).

19. 𓆼 Blatt (des Bilsenkrautes?).

21. 𓇝 Spalier und Gartenpflanzen.

22. 𓊨 Saftige Früchte, die unter die Presse[12]) gehören, Flüssigkeiten[13]).

23. 𓏧 Korn, Körner.

---

10) So 𓊪𓂝𓁶 = 𓊪𓂝𓅓 die Feder. Hier wechselt mit dem Determinativ des Flügels 𓅓 das des Haares (die Locke) 𓁶.

11) 𓊪𓂝𓏤 srt, co� aculeus.

12) Für 𓊨, kommt auch so 𓊹 vor. So ist unser Zeichen also das Bild zweier Gestelle, zwischen denen der Sack sich befindet, mit dem man durch Wringen den Wein presste.

13) Z. B. die 𓅓𓂝𓊨 mtd Flüssigkeit.

... Mehr ...

... Auch ... Textstück ...
... so sehr zahlreiches und sein Gegensatz kaum ...
... Gewobenes. Was bedeckt und verhüllt ...
...ken, Windeln, Verbände. Es determiniert das zu ...
...lich sein Gegentheil, d. h. die Entfernung dessen, was ...
... enthüllt ...

Diese Determinativzeichen prägen sich leicht ein und ...
... Medizintext dem Nilenreiche ...
... wir kennen uns, dass und mancher ...
... kennen wird.

4. Die Maasse.

1. Methode.

... Schwierigkeit machen die Maasse, und um die ...
... zeichen festzustellen, genügt es nicht, die ...
... Gewichte und Hohlmaasse nachzuweisen und zu ...
... in den Texten vorkommende Name sich auf die einzelnen ...
... wie die Methode gebietet hier vielmehr, von Fall zu Fall ...

... *dmdi* ... und ... *fit* ... das Buch.

... Ein gutes Beispiel hierfür und für 28. ... ...
... Diarrhoe bedeutet. ... weist auf die Lösung, ... auf das ...

... *gu* ... der Sack. ... *pqt* ... ein leinenes Tuch, Laken ...
... *ḥз* ... *mtrw* ein Hemde. ... *ḥbs* ... ...
... Tuch, Umhüllung, Kleid. Als Verb: *ḥbs* ... grosse, sobald bedecken ...
... umhüllen, verbergen. ... *bcp* ... verhüllen, ...
... *kfo* ... enthüllen.

... nehmen ohne Rücksicht auf seine Krankheit, je nach ...
hin $\bar{\delta}$, oder bau $\bar{\delta}$, aber ein Maass gewiss wieder zurück ...
... wenigstens ein ganzes vorgeschrieben und da wird, um ...
... zu nehmen, verordnet.

§. Im Allgemeinen bestimmte Dosen und ...

So hatten wir als Haupthohlmaasse das bâkt $\frac{1}{17}$, ... und
hnu $\bar{\delta}$ oder hnu $\bar{\delta}$. Allen dreien ist ein ganz bestimmter, durch
Zahlen ausdrückbarer Inhalt eigen, doch kommt neben ihnen noch
eine ziemliche Anzahl von Wörtern vor, die sich auf die Quantität
oder Gestalt der zu gebrauchenden Droguen oder die Gefässe, in ...
... sie thun sollte, beziehen.

1. nhá ..., nhá ... wenig. Z. B. XLVII, 13: kann man aber
... wenig von seinem, des dom $\bar{\delta}$ baumes Samen mit Bier.

2. ... ka. Ebenfalls ein wenig, eine Kleinigkeit. XII, 21 wird
geradezu als Maass neben ½ zu gleichen Theilen zu nehmenden
... also gleichmässig mit der | bezeichneten Droguen gestellt. XLIII, 13
... unter zu messenden und zu wägenden Medicamenten ...
... backen db ..., wahrscheinlich Feigen, genommen werden.

... nekt ..., nkt ..., kopt. ŝka aliquid. »Etwas, auch ganz
... chend unserem »eine Priese« sogar mit Zahlen versehen, z. B.
VII, 3 nat'a (eine Art von Stibium) 5 Priesen. LV, 1 irgend etwas
... nachessen, gleichviel ob zum Fleisch gehörendes oder Öl

4. sp $\circ$. Eine Dosis, Portion. XXIV, 3 kochen zu einer Portion
$\circ$ von ½ dnát? Wasser. Sonst gewöhnlich Mittel, Heilmittel
5. spp $\circ$ mit der gleichen Bedeutung. Hapax legomenon[40])
XXIX, 17 kochen zu einer Portion von 2 Hin.

6. tntu $\circ$. Entsprechend der Grundbedeutung der Wurzel ...
... Composition, Masse, nicht wie Stern vorschlägt, ein Kügelchen,

---

[40] In Zukunft abgekürzt zu H. L.

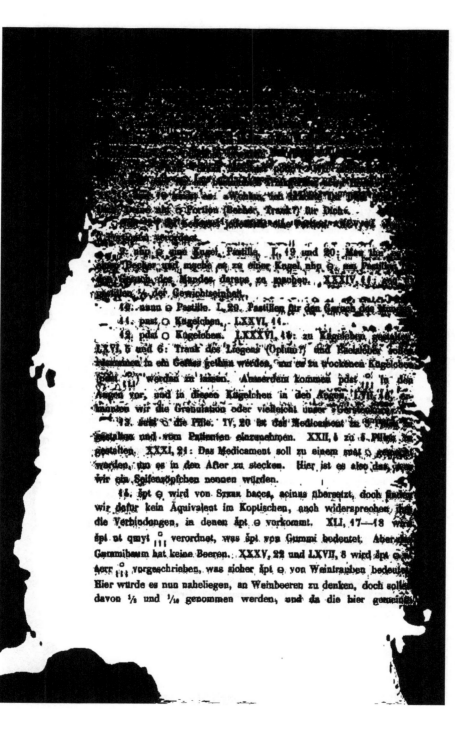

Deine als ○ Portion (Becher, Trunk?) für Dich.

... kehrauf (trommus eine Portion- κύκνος ...

... verordnet.

nbp ⊖ eine Kugel, Pastille. I, 19 und 20: Man thu in ... Becher und mache es zu einer Kugel nbp ⊖, zu Pastillen ... Grund des Mundes darauf, zu machen. XXXIV, 11 ... Pastillen, ⊖ der Gewichtseinheit.

nann ⊖ Pastille. I, 29. Pastillen für den Geruch des Mundes.

pust ○ Kügelchen. LXXVI, 11.

pdst ○ Kügelchen. LXXXVI, 19: zu Kügelchen machen ... LXVI, 5 und 6: Trank des Liegens (Opium?) und Kügelchen ... kommen in ein Gefäss gethan werden, um es zu trockenen Kügelchen ... werden zu lassen. Ausserdem kommen pdst ○ in den Augen vor, und in diesen Kügelchen in den Augen, LVII, 14, ... kennen wir die Granulation oder vielleicht unter Vereiterung ...

seht ⊖ die Pille. IV, 20 ist das Medicament in ... gestalten und vom Patienten einzunehmen. XXII, 5 zu 5 Pillen zu gestalten. XXXI, 21: Das Medicament soll zu einem ... ○ gemacht werden, um es in den After zu stecken. Hier ist es also das, was wir ein Seifenzäpfchen nennen würden.

špt ⊖ wird von Stern baços, acinus übersetzt, doch finden wir dafür kein Äquivalent im Koptischen, auch widersprechen dem die Verbindungen, in denen špt ⊖ vorkommt. XLI, 17—18 wird špt at qmyt ○ verordnet, was špt von Gummi bedeutet. Aber der Gummibaum hat keine Beeren. XXXV, 22 und LXVII, 8 wird špt ⊖ ... ierr ○ vorgeschrieben, was sicher špt ⊖ von Weintrauben bedeutet. Hier würde es nun naheliegen, an Weinbeeren zu denken, doch soll davon ⅛ und ¹⁄₁₆ genommen werden, und da die hier gemeinten

... den geneigten Herrn Professoren ...

... schwer zu glauben, dass ein Stückchen Weihrauch ...
... angezogen worden sei. Dagegen würden uns ...
... würden zum Ziele, wenn wir śpt e (das hier genau bedeutet ...
... anderen) mit der altaegyptischen Wurzel śp ... zusammenstellen ...
welche eine Flüssigkeit von sich geben, sie ausspeien, von ...
... fliessen bezeichnet. H. Brugsch erklärt aus derselben mit Recht das ...
in unserem Papyrus für blind gebrauchte Wort śp ... śpt oder
śap ..., das ursprünglich ausgelaufen, ausgetropft vom Auge bedeutet.
Unser śpt e muss also — und auch das Determinativum steht dem
nicht entgegen — für den tropfenförmigen Ausfluss der Weihrauch ...
... des Gummibaumes gehalten werden. śept nt ... übersetzen
wir also Weihrauchensaft, śpt e nt qmyt ... Gummitropfen, und
wir werden damit das Rechte getroffen haben.

15. śat ... ist ein Korn, eigentlich ein Sandkorn, doch wird es
auch von Getreide, besonders von dem körnerreichen aegyptischen
Durrakorn, gebraucht.

16. χảu ... (oder n) übersetzt Brugsch mit Staub; doch passt
Staub besser, denn es sollen χảu ... genommen werden von einem
Gefässe voll Biel und Excrementen. Brugsch Wörterb. Suppl. 960
hält es für Rost und alles von einem Gegenstand Abgeschabte; doch
reimen sich damit schlecht die χảu ... der Excremente. Die χảu ...
des sadu ṭ gefässes müssen seine Stücke oder Scherben sein, nicht,
wie Brugsch ...) will, das von ihm Abgekratzte. S. weiter unten Nr. 39
statt ...

17. pri ... koptisch ⲉⲃⲣⲁ bacca, granum. Es bezeichnet
Beeren, Samen, Körner. XLVII, 18—19 soll der Same des dqm ...
... von dem Patienten mit Bier gekaut werden. CV, 15 ...

27) Seine Abteilung wird ohnehin hinfällig, sobald man von höherer ...
... abdicht. Wir sind ihr entgegengetreten in der Zeitschr. für aeg. Sprache
und Alterthumskunde 1882, S. 57 f.

Abhandl. d. k. k. Gesellsch. d. Wiss. XXV.   22

[...] Samen oder Körner, z. B. der Bohne XL[...]

[...] Die Sachen und Bröterien, mit denen die Droguen [...] oder in denen die Medicamente gestaltet werden, [...] wie auch bey, obgleich sie sich auch auf die Form der [...] Heilmittel beziehen. XI, 1 und 2 sollen z. B. die vorgeschlagenen [...] zu einem Ans ⬭ Brote gemacht und gegessen w[...] XLVII, [...] gehört ein bti ⬭ Fladen? derselben Brötgattung zu [...] Medicamenten. Das gewöhnliche Brot ⊖ᵢᵢᵢ te ᵢᵢᵢ wird gewogen [...] und gegessen als Heilmittel vorgeschlagen.

Ausserordentlich verschiedenartig sind die Gefässe, welche [...] der aegyptischen Apotheke zur Verwendung kamen, und dies [...] sicherlich für die feine Ausbildung der Pharmacie im alten Aegypten. Zu ihnen gehören, wie gesagt, die oben schon erwähnten Hohlmaasse des Hin ⊃ und dnat ⫪.

19. Das Hin oder Hnu. LXV, 14 soll das Medicament in einen hau ⊃ (Hinkrug) gethan werden, von einem neuen Hinkrug ist mehrfach die Rede, LXXX, 16 soll das Mittel in einen neuen Hin-krug hingestellt werden, XLIX, 20 soll die Frau etc. das Mittel aus einem Hnukruge trinken; ja das Material des Kruges selbst wird als Medicament vorgeschlagen: LXIII, 8 und XCIV, 12. Hieraus ergiebt sich denn, dass die Wörter Hin oder Hnu auch gebraucht werden, um ein bestimmt geformtes Gefäss ohne Rücksicht auf seinen Inhalt zu bezeichnen, wie wir auch manches Glas, das mehr oder weniger als 0,5 Liter enthält, seiner Gestalt wegen Seidel nennen und das Wort Tonne und Fass bald gebrauchen, um ein bestimmtes Maass und Gewicht, bald nur um ein Holzgefäss, das der Böttcher gemacht, zu benennen.

20. Wie es sich mit dem dnat ⫪ gefäss in dieser Hinsicht ver-hält, werden wir weiter unten zu betrachten haben. XXXIV, 5 und 6 soll ein dnat ⫪ gefäss mit Wasser die Nacht hindurch aufgestellt werden, doch kann darunter, wie wir zu zeigen denken, ebensowohl ein geeichtes als nichtgeeichtes gemeint sein.

... und doch wohl entsprechend ... ...
... Wanne gewesen. An der einzigen Stelle, wo es vorkommt,
XII, 10, soll man das Medicament darin stehen lassen, jedoch
mit Zeug.

♦ ♦ XI. tefu ⵔ oder tefu ▽ ein Gefäss. XI, 8 ... tefu ⵔ,
Hälfte des Gefässes oder Töpfers. Wo es mit ⵔ determiniert wird,
soll es wohl von gebranntem Thon sein; denn an's Feuer sehen wir
es nicht stellen, und man bewahrt Hefe gern in einem ...
Gefäss, das noch nicht zum Kochen gedient hat. XII, 17 wird tefa
mit ▽ determiniert und hier hat es eine ganz andere Bedeutung,
und zwar, wie aus dem Zusammenhang ziemlich sicher hervorgeht,
die einer Klystierspritze. Wie der Nachtstuhl für unsere Ärzte der
Stuhl, so scheint für die aegyptischen das Klystier »das Gefäss«
(tefu ▽) κατ' ἐξοχήν gewesen zu sein.

23. ⵔⵔ še m. Eigentlich von festem Land umgebenes Wasser,
auch ein See. Dann Bassin, Wasserbehälter. LX, 13 und 14 werden
zweierlei Bassins oder Schalen von ⵔⵔ 'an ⵔ? Töpferthon? erwähnt, von denen die eine mit Dumpalmenpulver und Milch einer
Frau, die einen Knaben geboren, die andere mit Milch eine Nacht
lang abgestellt werden soll. Mit Dumpalmenarznei in der ersteren soll
man die Augen am frühen Morgen füllen, hernach aber soll man die
Augen mit der Milch in der anderen 4mal 6 Tage lang waschen.
Diese še Schalen müssen also — es galt ja die Augen 24mal mit
dem Inhalt der einen zu waschen — ziemlich gross gewesen sein.

♦ ♦ 24. ⵔ ⵔ dbtš m. Erhalten in B. ???, S: ??? und
dem verwandten B. ??? cista, capsa, hebr. ???. In älterer Zeit bezeichnet das Wort einen Behälter im allgemeinen sowie Kisten von
beträchtlichem Umfang. — IV, 1—10 sollen frische Datteln, See-
salz und äbt ⵔ mit Wasser vermischt und in einen meh ⵔ krug
gethan werden. Dazu soll man gignt ⵔ thun, es in Eins zusammen-
kochen und es dann in einen Behälter, vielleicht eine Kiste, dbtš ⵔ

---

28) Schon unhaltbar weil das auf m endende Wort weiblich wäre. (Und ⵔⵔⵔ?

... determinirt ist, einem Zeichen, welches ... ... Dimensionen deutet. Ausserdem aber ... ... dem ... Recept IV. 1—19 Z. 9 beide ... ... denn es wird des Patienten Willkür überlassen, den ... in eine ... oder ben ... kiste zu thun. (dbis ... ben ... ... H. L. In der Kiste sollte das Medicament wohl vor ... ... geschützt werden; denn dem Patienten wird ... ... davon zu nehmen.

26. da ჸ ein Krug, in den man allerlei Flüssigkeiten that, ... das Öl, XXXV. 10 und 11 soll Öl genommen werden ... ... zuoberst des Kruges, dessen Gestalt oft länglich und flaschenartig ...

27. andyt ჸ gefäss. Gewiss ein thönernes; denn XCIII. ... ein neues andyt ჸ gefäss, ein neues Gefäss ჸ ... voll mit ... Wasser des Sommers hingestellt werden. So scheint andyt ჸ ... ... ჸ als durchaus gleichbedeutend neben einander gestellt zu ... ... und das Wasser würde wie heute so auch im Alterthum in ... Thongefässen aufbewahrt.

28. ... ჸ und ... ჸ ... bedeutet, wie unter 27 ... ein mit andyt ჸ gleichbedeutendes Gefäss, wahrscheinlich von ... Thon für die Aufbewahrung von Wasser.

29. ჸ. Ob das weibliche ... olla dem alten ... ჸ ... entsprechen kann? XLIX. 19—21 wird der Frau, die das ... stellende Kind geboren, verordnet, einen ... ჸ krug davon in ... kühltem Zustande zu trinken und zwar aus einem Hau ჸ kruge. ... ... ჸ gefäss scheint also mehr als ein Hau oder Hin gefasst zu haben ... da mit solchem aus dem ... ჸ zu nehmen ist.

30. andu ჸ. H. L. Von diesem Gefässe sollen nur LXIV. 6 ... ... als Medicament benutzt werden. Nr. 16 schlugen wir ...

---

19) Dies Recept ist besonders interessant, weil es lehrt, dass man die ... Medicin einnehmen liess, um das Kind zu heilen, ein Verfahren, das heute noch von den Kinderärzten geübt wird.

[...] einen [...] vielleicht [...]

der Fortlassung von [...] der [...] Übersetzung fast, nicht [...]

[...] wird das Wort [...] mit [...] determiniert, und dadurch dort auf kleine Stückchen [...] auf etwas Irdenes, also vielleicht auf Scherben gewiesen [...] bedeutet Staub; doch was hat man sich unter Blasstaub zu denken? [...] passt in jedem einzelnen Falle. »Abgekratztes« könnte nur [...] dem haud ف gefässe recht annehmen. Aber auch Scherben eines solchen sind vielleicht als Medicamente benutzt worden, da XCIV, 12 die zerriebene Scherbe eines Hinkruges als solche [...] geschlagen wird.

31. brut ⊃. Dies Gefäss, das in Edfu mit ◡ determiniert wird, scheint die Gestalt unserer Blumentöpfe gehabt zu haben und wurde gewöhnlich benutzt, um Bier darin aufzubewahren. LXXII, 8, CXIV, 5 und 6. Mit gegohrenem (sqrt) Bier XCII, 8.

32. ⊃ wn qs ⊂ Alabaster, ein Alabastergefäss. Plinius hist. nat. 33, 6 (33), 101 lässt die Aegypter stibium oder antimonium, das sie gegen Augenleiden benutzten, stimmi, stibi, larbasis und alabastrum nennen. Das letztere Wort bezieht sich wahrscheinlich auf die Alabastervaschen, in denen man am Nil das Stibium aufbewahrte. Ein solches bezeichnet wohl unser mit dem Stein determiniertes qs ⊂. Wenn LXIX, 49 am ◡ nt qs ⊂ das Innere des Alabasters als Heilmittel vorgeschlagen wird, so ist darunter wohl der kugel- oder kästchenförmige Inhalt (das Determinativum ◡ deutet darauf hin) eben dieses Alabastervaschens, d. i. das Stibium, zu verstehen. In qs ⊂ erblicken wir also eines jener Alabastergefässchen, die in wenigen Museen fehlen und entweder mit Farbestoffen oder mit einer harzigen Substanz oder auch mit Feldfrüchten gefüllt gewesen waren. Eines voller Erbsen gelangte zu Theben in unsere Hand.

33. ẖd ⊂. Mörser und zwar, wie das Determinativ beweist, von Stein, XXI, 11 und 12, gilt es, das Medicament in der Kraut zusammenzureiben in einem ẖd ⊂ von Anr an, d. i. Stein. LXXVII, 8 wird verordnet, im ẖd ⊂ mörser das sbyt 𓆓 thier zu zerstossen, welches wir, es ist H. L., für Grashüpfer oder Heuschrecken halten, die wir selbst am kleinen Atlas von Arabern rösten, im Mörser

[...] als Vogel oder irgendein [...] aber das [...], denn sie als Heilmittel zerstossener Vogel [...] schwer vorstellen. Steinerne Mörser haben sich [...] Wir selbst besitzen einen recht schönen mit dem Stössel.

[...] Ein Gefäss, in das man gern Pflanzen [...] und das gleichfalls unserem Blumentopf geglichen zu haben scheint. XXXVII, 20 und XXXVIII, 1 soll ein dbꜣ [...] gefäss mit uru [...] damit [...] werden. XXXVIII, 21 ebenso ein mit determinirten dbꜣ [...] gefäss voll von utu [...] kraut.

35. teb [...] scyphus, calix, patella. H. I. Es kann ein Becher gewesen sein, obgleich L, 16—20 11 Medicamente zu gleichen Theilen genommen, durchgeseiht und in das teb [...] gefäss gethan werden sollen, um Pastillen (s. oben Nr. 9) für den Geruch des Mundes daraus zu machen. Die oben erwähnten 11 Medicamente sollen zu gleichen Theilen genommen werden und der Einzeltheil entspricht [...] liter, wie wir darzulegen gedenken, dem Maasse Ro, das 1,44 Centiliter enthielt. Rechnen wir es rund auf 1,50 Centil., so haben wir 16,50 Centil., und diese waren noch dazu durchzuseihen. Es konnte also ein Becher von mässiger Grösse das Medicament fassen.

Das folgende sind Gefässe, die sicher an's Feuer zu stellen waren.

37. mht [...]. Dies Gefäss, womit wir Datteln messen sehen, war ein Topf, den man auch an's Feuer stellte. Dies zu thun wird LIII, 7 verordnet. Aus der nämlichen Stelle scheint auch hervorzugehen, dass das mht [...] gefäss nicht sonderlich gross war. Es heisst nämlich LIII, 6: »Nimm 1 Hin Dattelpulver, mach' es zu einem Brei, thu' ihn in 2 Mhtkrüge, stelle sie an's Feuer etc.« Da man nun noch [...] Baumöl? hinzuzuthun hat, kann das mht nur wenig gefasst haben; denn warum hätte man sonst deren 2 nehmen müssen, um 0,456 Liter und etwas zur Schmälzung — um ein Gericht daraus zu machen — darin unterzubringen? Indem scheint es uns schon darum gewesen zu sein, weil XCIII, 16 besonders vorgeschrieben wird, ein neues Mhtgefäss zu nehmen. IV, 1—8 sollen Datteln, See-salz und ꜣbbt [...] mit Wasser vermischt und in einen Mht [...] topf gethan werden. Hat man gngnt [...] pulver dazu gethan, so koche man

... [Text am oberen Rand stark beschädigt, unleserlich] ...

Medicament ... in ein ... Auch das ... nach ...
und L. rec. XVII, 21. und XVIII, ... soll ein Medicament, nachdem es
... mit Hefe gegangen ist, bei Nacht stehen ... und soll ...
... Tage im Mhtopfe ungerührt werden.

38. *teten* ☥ .... sertigen? Der Tiegel, der LXVI, 6 ...
... gestellt werden soll, die Pfanne, LXVI, 17 wird vorgeschrieben,
... das Medicament recht ordentlich in dem *teten* ☥ zu kochen. ...

39. *rmat* ☥. Dies Gefäss war ziemlich gross, denn LIV, 18 wird
... 4 Tage lang 6 mal ein Hin, also 6 × 0,450 Liter daraus
zu trinken. Stern bringt *rmat* ☥ mit dem kopt. ..... in ...
... zusammen, wenn auch zaudernd und mit dem ?. Er folgt wohl
Knapss, doch wissen wir nicht, woher dieser sein ... hat,
... und es fällt schwer, sich in alter Zeit ein Zinngefäss*) von der
Mächtigkeit des LIV, 18 erwähnten zu denken. Vielleicht bezieht sich
das *rmat* nur auf die Form und es gab *rmat*förmige Gefässe von
Zinn, von gebranntem Thon oder Steingut. Bausscu hat ganz Recht,
wenn er der Wurzel *rmn* die Grundbedeutung »tragen« zuschreibt*),
und so würden wir denn *rmat* ☥ schon um seiner Grösse willen gern
für den Einer halten, wenn es nicht sicher ein an's Feuer zu stellendes
Gefäss wäre. LIII, 21 und 22 soll z. B. Kuhmilch mit *vah* ☥ im
rmat ☥ gesotten werden und zwar so wie man Bohnen auryt ☥ kocht.
An ein zu tragendes oder mit dem Arme versehenes Gefäss ist bei
rmat ☥ jedenfalls zu denken, und so möchten wir es für die Kasserolle
mit dem Stiele oder Arme halten, die gross oder klein, von Zinn
oder gebranntem Thon sein konnte.

40. *rhdt* ☥ der Kessel, kopt. .... aenpm. LIII, 16
heisst es: In den Kessel (*rhdt* ☥) zu thun und zu kochen.

41. ☐ *ut* ☐? Jedenfalls, wie das Determinativum lehrt, ein
metallenes Gefäss. H. L. Es wurde darin gebraten. LXV, 18 soll

---

36) Die Vergleichung von *rmat* ☥ mit ..... scheint schon vorzüglich, weil
rmat weiblich. Es ist uns nur möglich Prof. Kaman's Bemerkung, dass Knapss's
... auf einer Verkennung des arabischen Äquivalentes für ..... beruhe, ...
... in den Druck zu fügen:

37) Man denke an *rmn* ... *rmat* ... die Arme und Schultern und die
... *rmn*, das tragen, haben etc. bedeutet. Der Arm ist der Träger; und für
... des Baumes der Ast oder Arm desselben.

...

... in die ... begleitende Wörter bezeichnet im ...
... bestimmtes Gewicht. In dem interessanten Recept LIX, ...
7 ... Blätter einander erhitzt werden und zwar, mit ein...
... mit dem man sie zu übergiessen hatte, eine Rezeptur in ...
Die Patient sollte den so entstehenden Dampf durch eine ...
einen, die man in den Topf gethan hatte, in dem der ...

44. grü ⬧ oder ⬧ der Sack aus gewebenem Stoff. Aus...
Sack grü ist nur ein Behälter und kein Mass. LIX, 12 und 13 wird...
... einen Leinewandsack grü ⬧ mit Abkühlen? von Dragebi...
Tag lang in einer Flüssigkeit zu lassen, die man's Feuer gestellt ...
... Sie. Es wird also ein Medicament, das der Sack ...
... mit einem anderen gekocht, in das man ihn ...

45. [symbol] gu [symbol] wird von Stern mit dem falschen ...
ḳbu und ḳbnu zusammengebracht und saccus, puteus ... ...
... mit Recht, doch wohnt dem gu ⬧ auch die Nebenbe...
»Wabe« bei. Vielleicht nannte der Aegypter das, was wir eine ...
wabe heissen, nicht unbezeichnend, einen Honigsack. Ga ⬧ ...
und LIX, 11, wo es vorkommt, wird vorgeschlagen: hß ⬧ el ...
gu ⬧ n 'aft ⬧ repu d. i. Käferhonig (Käferwachs?) oder ein gut...
des Honigs, und dies kann kaum etwas anderes bedeuten als d...
Wabe Honig oder Honigwabe.

46. [symbol] gu [symbol] wohl das gleiche Wort, aber, wie das Determinativum zeigt, mit einer auf Kleines oder Geringes weisende
Bedeutung, doch wohl etwas Ähnliches wie unser Kataplasma, Kräuter-
sack oder dergl. So soll bei einer Gebärmutterkrankheit das Medicament auf die Genitalien der Frau gethan werden, und auf ihren

... bestimmten ... in der Oldon ... in verwandte ... Maasse von Medin, Tiru, Sina, hin von Zeug, sei nicht ... würden und sich nicht die Maasse von bestimmter ... ... Eng ... ter zu Körbe ... ... Topf oder Krug, deren Grösse so verschieden sein ... ... Gefässe mit dem gleichen Namen, ja ... ..., dass auch die gleichen Maasse für, hin und ... ... nicht immer im Sinn von bestimmten Maassen, sondern, ... Rücksicht auf ihre Form, die Gefässe im Allgemeinen zu ...

4. Bestimmte Gewichte und Hohlmaasse.

a. Stückweis zu Nehmendes und seine Anzahl.

Begeben wir uns nun an die Bestimmung der Maasse, nach denen die verordneten Medicamente theils gewogen theils gemessen werden sollen, so haben wir gerade hier der Methode zu gedenken, die streng untersagt, aus einzelnen Angaben Schlüsse zu ziehen, während sie gebieterisch fordert, in jedem einzelnen Falle die ganze Handschrift im Auge zu behalten und diese — gerade mit Rücksicht auf die Maasse — sich durch sich selbst erklären zu lassen.

Die Medicamente sind zu messen oder abzuwiegen, wenn nicht in einzelnen Fällen eine bestimmte Anzahl des vorgeschlagenen Objectes oder ein anderer als zu messender Theil desselben verordnet wird. So sollen LXXI, 20 tmmt ⟨⟩ Fischchen 7 Stück, LXX, 8 vom aic ⟨⟩ ... 7 Pflanzen und LXXIV, 14 7 apnnt am Schlangen oder dergleichen, ... Fliegen, 7 aku der Erde (Maulwürfe?) und dazu Mehl von elephantinischem dudu ⫶⫶⫶ genommen werden. Von mehr als 3 Stücken werden sonst nur noch 6 Pflanzen des gugen ⟨⟩ krstes vorgeschlagen ..., und so springt es in die Augen, dass der 7 vor anderen Zahlen

---

38) Wo sonst ganze Zahlen neben den Droguen stehen, beziehen sie sich auf die Messung, wie LXII, 1 und 3, wo von medmt ○ (siblun) 2 So ... sollen, von Honig 4 und von yntt ○ ¼₄ oder LXII, 2 und 4, wo vir-

... Der Name dieses Fisches tdb ... bedeutet der stechende oder ...

... das ngeshá, peshá, χetemsá, das wir durch abgestochen ... wiederzugeben versuchen ... der die Gleichklänge am Ende der Worte in den ... für eine magische Formel angesehen werden ... Auch 7 Steine sollen genommen ... doch dienen sie nicht zum Einnehmen, sondern zum ... nach der Erhitzung.

... soll der Kopf eines tdb ... fisches ... ohne weitere Beigabe als äusseres Mittel gegen ... krankheit verwandt werden. Für eine andere Salbe wird ... schwarzer Eingeweidewurm und ein näyt ... oder ... in den Excrementen gefunden, in Öl zu kochen verordnet ... sehr häufig das Haar zu streichen, auf dass es vor dem ... bewahrt werde. LXII, 11 werden ¼ (ob Drachmen?) eines ... verordnet, LXV, 11 als Mittel gegen das Ergrauen soll genom... werden das Ei des gebgu ... vogels, ein Katzenuterus ... etc. ... XLIX, X wird in einem Recepte, das ein Kind zum ...

...verwendet ... ... alten Farbe (Papyrusrolle), das Lab ... ... Dinge, die nicht eigentlich zu den Massen gehören, erklären sich ... ...

4. Die Wägung.

Hat man sämmtliche Recepte zu Rathe gezogen, so lässt sich das das Hohlmaass zu Messende leicht von dem zu Wägenden unter scheiden, obgleich die Gewichtseinheit und eines der am häufigsten gebrauchten Hohlmaasse nie bei Namen genannt werden.

Man bedient sich für alles zu Wägende nur einer Gewichts einer Einheit nicht genannt wird; seine Theilung erfolgt aber überall nach dem gleichen System. In der Einleitung zum Pap. Ebers S. 18 schlugen wir vor, dies Medicinalgewicht mit dem späteren arabischen Dirhem oder der Drachme in Verbindung zu bringen und die Einheit, deren sich der Verfasser des Papyrus bediente, der Doppeldrachme gleichzusetzen, die etwa 6,220 Gramm wog. Spätere Studien brachten uns von dieser Ansicht ab, und es will uns sicher erscheinen, dass wir in der erwähnten Einheit ein Gewicht zu erkennen haben, welches mit dem System des [hieroglyph] udn [hieroglyph] oder [hieroglyph] udn zusammen hing, das, wie P. Bortolotti[35] scharfsinnig nachwies, dem Kubus der kleineren Elle an Gewicht gleichkommen sollte. Dies sehen wir überall benutzen, wo es edele Metalle zu wägen gilt; und daneben das [hieroglyph] qt, welches dem koptischen ⲕⲣⲧ die Drachme sprachlich entspricht und den zehnten Theil eines udn [hieroglyph] wog. Doch dies Qt [hieroglyph] 9,096 Gramm wäre zu schwer als dass wir es für die Einheit unseres Papyrus halten dürften, und so stimmen wir Hultsch bei[36]), wenn er ²⁄₃ des Qt für diese Einheit erklärt, welche dann 6,064 Gramm betragen hätte, ein Gewicht, das nicht zu weit von unserer ersten Bestimmung[37]) abweicht, nach der es 6,220 Gramm gewogen haben würde.

Was die Eintheilung dieser nicht benannten Einheit von 6,064 Gramm, die wir indessen der Bequemlichkeit wegen »Drachme« zu

35) Bortolotti, Del primitivo cubito egizio. Modena 1878. p. 98 ff.
36) Fr. Hultsch, Griechische und römische Metrologie, zweite Bearbeitung. Berlin 1882. S. 374. Nach Lepsius ist ein qd = 9,09591 Gramm.
37) Dies qd war bestimmbar durch ein 5 qd gezeichnetes Gewicht.

… Einheit werde in … … Die Rechnungsmässe, bei der man sich … … als solche, deren Zahl … ist, nicht … … den gelobten Griechen zu Alexandrien … … denn ein so bedeutender Physiker und Mechaniker … … wie, und trotz ihrer Schwerfälligkeit ist sie bis … in Übung geblieben.

Wo wir also … verordneten Drogen 1/2 1/4 1/8 … … handelt es sich um Theile der Gewichtseinheit von 6.024 Gran, … wie die Drachme nennen. 1/3 ist gewöhnlich auf Hohlmasse … ziehen. Nach genauer Berücksichtigung aller Maassangaben, die … Papyrus enthält, lässt sich die Regel aufstellen, dass überall, … hinter dem Namen einer Droge einen Bruch findet, dessen … eine Potenz von 2 ist, gewogen werden soll und dass dagegen … … mit Brüchen, die einem anderen Theilungssystem angehören, wie 2/3, 1/3 1/3 = 1/3 etc., mit dem Hohlmasse zu messen sind.

Sehr viele Medicamente sind aus mehr oder minder zahlreichen Droguen zusammengesetzt. Hinter jeder steht die (, und … also zu gleichen Theilen genommen werden. Ob hier nun unter Einheit ein Gewicht oder Hohlmass zu verstehen ist, werden … weiter unten zu prüfen haben.

ß, c. Die Hohlmaasse.

α. Das Hin.

Von den Hohlmaassen werden zwei bei Namen genannt. Erst das Hin, dem wir das Hau 5 gleichstellen und zweitens das … welches hieratisch 🝆 geschrieben wird und hieroglyphisch ⩍.

Das Hin, »das Maassgefäss schlechthin«, wie Hultsch sich … drückt, ist ein henkelloser Krug 🝆, der oben einen so stark hervor…

38) Der aegyptische Rechner sagt nicht 3/8, sondern 1/2 1/3, nicht 3/4, sondern 1/2 1/4, nicht 2/3, sondern 1/2 1/6 1/8.

... Band haben ... dass man Kritik an dem Band ... ... Mechanismus verbinden würde, ... empfehlen und mit ... ... Das Band brachte man ... ... mit dem Auge aus demselben begreifen zu ... . Das ... mit dem das Wort Hin 𓏴 determinirt wird, giebt ... ... ihrem dem Aussehen dieser Maasse. Da sich unzweifelhaft ... ... Krüge erhalten haben, auf deren verschiedenen ... ... Hin sie fassten (9 Hin, 14 Hin, 24 Hin, 40 Hin ...) ... ... die Bestimmung des Inhaltes eines Hin mit Glück untersuchen ... man nun berücksichtigen muss, dass bei der Nachmessung ... Gefässen aus dem Alterthum das immer abgezogen werden muss, ... den Raum, de non complentes nennt, lässt sich das Hin noch auf 0,456 Liter bestimmen. Diesen Ansatz hat Hultsch, der ... und scharfsinnigste Kenner auf dem Gebiet des Maasswesens der Alten, welcher die Vorarbeiten der Aegyptologen (Cantor, ... Brugsch etc.) nachprüfte, bestätigt, und wir schliessen uns ... willig an, da es uns leider versagt ist, die Museen nach neuen ... Hingefässen zu durchsuchen und wir sicher sind, dass ... auch noch mehrere entdeckt werden, sich höchstens an der ... Decimalstelle eine Änderung empfehlen würde.

Bemerkt sei, dass das aegyptische Hin mit dem hebräischen Hin nichts ... hat als den Namen; denn solches enthält 12 Log und ... das aegyptische Hin kam dem von einem einzigen Log ... ... auch dem eines babylonischen Sechzigstel nahe. So fasste ... hebräische etwa 12mal so viel als das aegyptische Hin von ... Liter. Wo es im Papyrus gebraucht werden soll, wird es im ... zu nehmen verordnet. Ein Bruchtheil des Hin kommt nicht ... nur kann in uns zu erwähnenden Fällen bisweilen ¼ darauf ... werden. Einmal, LXXXV, 15 und 16, sollen 6 Hin 4 Tage ... eingenommen und LIV, 13 soll 1 Hin 6mal 4 Tage lang getrunken werden, sonst wird im ganzen Papyrus nie mehr als 1 Hin zu brauchen ... und was damit gemessen werden soll, sind theils flüssige ... wie Wasser, Wein, Milch und Honig, theils feste wie ... und Datteln in verschiedener Zubereitung.

... Eigentlich die Lippen, was, wie im Hebräischen, um ... Rand ... der Flüsse gebraucht wird.

... das gleiche Wort zu halten. Dass der Wurzel du, duâ die Bedeutung von theilen innewohnt, ist längst bekannt. Gewiss bedeutet das alte du und idn hören, lauschen ursprünglich die der Rede sondern oder zertheilen (mit dem Öhre), ganz ähnlich id lesen als das Sondern, Zertheilen der Rede (mit dem ... gefasst ward. Dennoch bezeichnet das ꭢ weder in unserem ... noch sonst einen unbestimmten Theil, etwa eine Portion. ... benutzt es der Arzt, der unsere Handschrift verfasste, um von ... duâ ꭢ gefüsse mit Rücksicht auf die Form und nicht auf den ... zu reden, sonst aber haben wir darin stets ein Maass zu erkennen ... aber welches? Die Bestimmung ist schwer; denn ob wir, da ... das hier ꭢ duâd umschrieben, das Richtige trafen, ist wohl wahr scheinlich, doch keineswegs gewiss, weil es ausgeschrieben in ... ganzen Handschrift nicht vorkommt. Sehen wir denn zu, mit welchem Werthe ein Maass ꭢ und ꭢ sonst vorkommt.

Zunächst war, wie Dümichen[40]) nach Rechnungen des Kalender von Medin. Habu erwies, das ꭢ, dem wir das hier ꭢ gleichstellen

---

40) S. auch Zeitschr. f. aeg. Sprache und Alterthumskunde. 1875. S. 96. Die monatlichen Opferfestlisten des grossen theb. Festkalenders im Tempel von Medinet Habu etc. Leipzig 1881.

... ... auch spr. ... oder später sind auch 50 Hin, eine ganz abnorme... genauen Anhalt, 8,11 Liter, zu ihrer ..., dass so viele Stoffe wie 9 und 813 wechseln und von Dioscorid ... ... werden, kann hier nicht gedacht werden, denn es enthielt 160 Hin oder 12,90 Liter, wozu Heron's Demosch's 73 Liter 60 Centil ... Eine solches in einem Fass zu bergende Masse, nicht angenehm war für Recepte, bei deren Herstellung eine Gewichtseinheit von 0,064 Gramm bisweilen in 64 Theile zerlegt werden sollte, liegt auf der Hand, ja schon 9,11 Liter, die oft ganz, nie in kleineren Bruchtheilen als 1/2 verordnet werden, lassen sich gewiss nicht als Beleg zu so winzigen Dosen wie ein Vierundsechzigstel von 6,064 d. s. 0,094 Gramm denken. Es hätte das eine Verdünnung gegeben, welche die Wirkung der vorgeschlagenen einfachen Droguen aufgehoben haben würde, und was sonst den Kranken einzunehmen zugemuthet wird, beweist deutlich genug, dass die aegyptischen Ärzte von homöopathischen Grundsätzen himmelweit entfernt waren. Sollten nun auch im Pap. Ebers gewöhnlich nur leicht zu beschaffende Substanzen wie Wasser, Wein, Bier, Milch, welche sehr oft am Ende des Receptes als Bindemittel genannt werden, mit dem ☥ gemessen werden, so soll dies doch auch mit anderen Droguen geschehen, die man schwerlich zu 9 Litern verordnen könnte. Wir denken z. B. an die amu ⦙⦙⦙ körner, von denen wir zwar nicht wissen, was sie bedeuten, die aber sicher nicht zu den gewöhnlichen Brotfrüchten gehörten und XXVII, 10 zusammen mit 1/64 d. s. 0,094 Gramm ani ⦙⦙⦙ körnern, 1/64 d. s. wieder 0,094 Gramm Weihrauch etc. eine Arznei bilden und eingenommen werden sollten. Wie würden 0,094 Gramm Weihrauchstückchen unter 9 Liter eines beliebigen anderen Kornes verschwinden! In dem aus 17 Droguen zusammengesetzten Medicament XLIII, 3–8 soll ein ganzes dnat suft ⦙⦙⦙ körner zu lauter Droguen genommen werden, die 1/8, 1/16 oder 1/32 von 6,064 Gramm wiegen und zu denen nur noch 1/8 dnat süssen Bieres kommt. Das suft ⦙⦙⦙ gehört zu den als Opfer dargebrachten Körnern. Wir wissen nicht, was es bedeutet, doch wie würden unter 9 Litern davon 1/16 d. s. 0,379 Gramm Cassiafistera, 1/8 d. s. 0,758 Gramm Lotosblumen, 1/16 d. s. 0,379 Gramm Myrrhen, 1/32 d. s. 0,189 Gramm Honig verschwinden; ganz abgesehen

44) HULTSCH, l. l. S. 369, wo er ein eigenes treflich combiniertes System aufstellt.

[...] über dem einen Hohlmaass, die [...] [...] der übereinstimmung gewogen werden, [...] [...] Dios. Kapitel XVII, 15—17) wird ¼ Unze [...] [...] 20 Unzen, ihr das sein Kraut und [...] [...] vorgeschr. Gegen die Proportion liesse sich [...] [...] weil wir noch nicht wissen, welche [...] [...] Harze), so ist doch ein [...] gewiss das von [...] [...] welches unserem Artemisia absinthium L. oder [...] entspricht, und es ist ebenso unwahrscheinlich, dass davon [...] von der Blume eines anderen Krautes 3 Liter auf einmal ver-[...] worden sein sollten. LXVII, 1½—1½ werden zu einer Arz[...] daal Wein und ein daal süsses Bier neben anderen Drogen [...] gewogen werden und zu denen ¼ des Gewichtes 0,054 [...] Weihrauch (d. s. 0,094 Gramm) gehören, vorgeschrieben. [...] Wirkung könnte den 0,094 Gramm eines Harzes in 18 Liter [...] keit gebunden sein, und da das Mittel 4 Tage lang genommen w[...] sollte, hätte der Patient täglich 4½ Liter davon trinken müssen[...]

Das Gesagte genügt, um zu zeigen, dass das daal [...] 9,11 Liter nicht mit dem Zeichen ⌐ = ꝑ unseres Papyrus [...] sein kann. Es muss viel kleiner sein, und so kommen wir end[...] auf die Bestimmung zurück, die wir in der Einleitung zum Pap. [...] gestützt auf Vorarbeiten Dümichen's, gegeben hatten. Wir setzt[...] das ⌐ auf 0,6 Liter an und geben ihm nun in übereinstimmung [...] Hultsch[43]) 0,608 desselben Maasses. Diese Zahl entspricht [...] einem Sechzigstel der Artabe, die allerdings das hauptsächl[...] aegyptische Hohlmaass bis in die späte Römerzeit hinein war. [...] hat sich das nach Epiphanias[44]) der aegyptischen Volkssprache [...] gehörende ἐρτόβ in den koptischen Dialekten erhalten. Im mem[...] tischen heisst es ερτοβ, im mittelaegyptischen ελταϥ. Dass [...] sexagesimale Theilung des babylonischen Systems bei diesem Maas[...] in Anwendung kam, ist erwiesen, und ein Sechzigstel der Arta[...] würde also von vorn herein als ein unter den Aegyptern gebräuch[...]

42) Dioscor. ed. Kühn. χγ´; p. 367: Ἀψίνθιον, βαθύπικρον (Αἰγύπτιοι [...] Ῥωμαῖοι ἀψίνθιουμ ῥοόστικουμ) γνώριμος ἡ πόα.

43) Metrologie. S. 366 ff.

44) Metrol. script. I. p. 272, 14.

Hier muss nun noch eines anderen ⸗ Erwähnung geschehen, das sich mancher geneigt fühlen möchte, auf den ersten Blick dem neben dem Hin gebrauchte, in Theile zertheilte Hohlmaass halten, und das ist das ⸗ des mathematischen Papyrus Rhind[48] zutreffend für ½ des Hin oder 20 Ro erklärt, das also, da das Hin 0,455 Liter misst, 0,255 Liter fassen würde. Dieses Maass darf schon darum nicht übersehen werden, weil es zum System des grossen hie ⸗[49] Hohlmaasses gehört, als dessen Theil das Ro ⸗ vorkommt und auf welches 10 Hin gehen; nun dies Ro, wie wir sehen werden, ein auch in die Officin der Völker übergegangenes aegyptisches Apothekermaass ist, das wir in Pap. Ebers wiederfinden, liegt es nahe, das ⸗ des mathem. Pap. Rhind, das 20 Ro enthält, dem gleichen Zeichen in unserer Handschrift gleichzusetzen. Dennoch geht dies nicht an; erstens sich dem mehrere Recepte widersetzen, die für das ganze das grössere Mächtigkeit verlangen als die 0,255 Liter, die dem ⸗ im math. Pap. Rhind zukommen, zweitens aber — und dieser Grund entscheidend — weil das hie ⸗ system, in das sich auch so Hin

48) A. EISENLOHR, Ein mathematisches Handbuch der alten Aegypter. Leipzig, Hinrichs. 1879. 1. Bd. Commentar. S. 12.

49) ⸗

... schicken mit dem Kongmetmeteren zu thun hat ... ... mit dem Zahley d. zerfällt, deren Maasse durch ... ... das die Bruche des 𓏺 der Priz. Elem. für ...

... scheint hier in dieser Hinsicht ... ... viel grösser zu halten nicht nur als ein 𓏺 oder noch ... ... dass der ½ des Hin = 0,152 Liter ... ... für ½ der Artabé ... 𓏺 das Pap. Ebers ... ... 0,608 Liter, also noch nicht 1½ Hin enthalten würde. ... ... Pap. Ebers XXXIV, 5 und 6, lautet:

... Fass meine Hand, Greif meine Hand 𓏺 kraut. Hinzusetzen ist einen 𓏺 dnat Wasser die Nacht hindurch und zu trinken ein ... des Wassers, das darin ist, 4 Tage lang. Diese Verordnung kann also so gefasst werden, als solle aus einem 𓏺 dnat 4 Tage hintereinander je 1 hnu 𓏺 oder Hin Wasser getrunken werden. Hieraus könnte man schliessen, dass das dnat 𓏺 gefäss mindestens 4 Hnu 𓏺 oder Hin und also statt 0,608 wenigstens 4,824 Liter (4 × 1 Hin zu 0,152 Liter) fassen müsste. Doch diese Verordnung braucht uns nicht irre zu machen, denn S. 150 (18) unter 20 ward schon gezeigt, dass das Wort Hin und hnu 𓏺 nicht nur gebraucht ward, um ein Gefäss von genau bestimmter Mächtigkeit, sondern auch — nur mit Rücksicht auf die Form des Gefässes — einen Krug im Allgemeinen ohne Rücksicht auf seine Grösse zu bezeichnen. Das Gleiche scheint auch für das dnat-Gefäss gegolten zu haben, und es ist dabei zu bedenken, dass an unserer Stelle nicht nur Wasser, sondern noch von der seltsam benannten Pflanze »Fass meine Hand, greif meine Hand« eine nicht nach dem Maass bestimmte, also beliebige Menge in das Gefäss gethan werden sollte. Zwischen 𓏺 ... sie hinstellen und 𓏺 das dnat ist die Präposition 𓈖 zu ergänzen, und diese kann ebenso wohl »mit« als »in« übertragen werden. Soll nun ein Kraut in einem 𓏺 dnat Wasser die Nacht hindurch hingestellt werden — jedenfalls um das Wasser mit dem Pflanzensaft zu durchdringen — so ist das 𓏺 gar nicht als Gefäss, sondern als Maass zu deuten, und das ...

4*

… Fermente. Deine reine Hand, greif' meine Hand Krautes … (in irgend einer Stellen) mit einem … der Nacht hindurch, und wo trinken … hau 0 von einer … des Tag, austrinkende, jeden Tag, 4 Tage hintereinander … können, dass 8 heu von einem Medicament genommen werden … zu dem nur 1 daal 𓏺 Wasser gehörte, doch mag das Kraut … … während der Nacht zu stehen hatte, viel Flüssigkeit genommen und mit in den Haukrug zu schöpfen gewesen sein. Hätten … aber auch nur um die vom Saft des Krautes imprägnirte Flüssigkeit gehandelt, so brauchte uns die angeführte Stelle schon darum an … unserer Bestimmung des 𓏺 irre zu machen, weil das heu …, wie es auch gebraucht ward, um einen bestimmt geformten Krug von … Grösse zu bezeichnen und sich in dieser Verbindung (denn … Flüssig) soll weder gewogen noch gemessen werden) von dem … dasselbe annehmen lässt. Zum Schluss sei nochmals hervorge… dass diese verschieden zu deutende Stelle die einzige ist, … Bedenken gegen unsere Bestimmung erwecken könnte, während … anderen für die Richtigkeit derselben sprechen.

4, c. γ. Das Ro.

Das Maass Ro ist uns bereits als kleinster Theil des in 320 The… zerlegten bäe ⌂ des math. Pap. Rhind begegnet und wir haben be… merkt, dass es, obzwar es dort nie genannt wird, auch in unser… Papyrus vorkommt. Dies werden wir nunmehr zu begründen haben. Seine, des Ro Verwendung in dem die Heilmittel der aegyptisch… Medizin zusammenfassenden hermetischen Buche — denn das ist … Pap. Ebers — war von vorn herein zu erwarten. Die Receptkun… der Aegypter, für deren feine Ausbildung unsere Handschrift ein … glänzendes Zeugniss ablegt, ist nämlich nicht Alleingut der am … thätigen Ärzte geblieben; vielmehr ward sie ihnen von gelehrten gr… chischen Medizinern in Alexandrien abgesehen und in die Arzneiwissen… schaft der Hellenen übertragen. Ist es nun auch noch nicht gar lang…

… jeden europäische und allen voran englische Forscher …
… thätigen verhalten, dass die griechischen Gelehrten, welche
… Hellenen als Mitglieder des Museums oder seit eigener …
… Baco Methode folgend, besonders auf naturwissenschaftlichem,
… und mathematischem Gebiet zu Grossem …
… von den nationalägyptischen Fachgenossen, …
… in der nächsten Nähe anzuschauen und weit entfernt dem Aegypter
… auch immer zu entlehnen, ganz auf sich selbst gestellt, …
… selbst heraus zu den erstaunlichen Fortschritten gelangt …
… von denen ihre Schriften voll sind, so werden sie sich jetzt …
… ihre mit Gelehrsamkeit und Klopffechterkunst, doch geringem
… Scharfblick vertheidigte Meinung zurückzunehmen. Die bekannte …
… für die Originalität des griechischen Geistes, der nach ihrer
… Ansicht Schaden genommen hätte, wenn er nicht auf staatlichem Ge-
… seiner Bethätigung von allem Fremden freigeblieben wäre; hätte
… dahin geführt, die Hellenen, deren offener Blick uns doch hell und
… genug aus ihren Werken entgegenschaut, für blöde und
… zu halten; denn das wären sie gewesen, wenn sie in der
… die Augen vor den in ihrer unmittelbaren Nähe aufgespeicherten
Wissenschatzen der Aegypter verschlossen hätten, sei es in Folge des
Unvermögens eine fremde Sprache zu erlernen, sei es aus Furcht oder
Abneigung was auch immer von einem barbarischen Volk zu entlehnen.
Aber hören wir nicht häufig genug von den Dolmetschern oder Herme-
neuten sprechen, welche seit dem Beginn der XXVI. Dynastie, von
Psammetich I. an bis in die Römerzeit als Vermittler zwischen Aegyptern
und Hellenen am Nil überall zu finden? Wissen wir nicht, dass in
dem hellenistischen Aegypten schon von den ersten Ptolemäern an
das Griechische unter den Nationalaegyptern Umgangssprache war und
von aller Welt, also auch sicherlich von den Gelehrten, verstanden
und geredet wurde? Und was es mit jener »Abneigung« auf sich hat,
das zeigt weiter die bis zur Übertreibung gesteigerte Hochschätzung,
welche hervorragende Führer des geistigen Lebens in Griechenland
von Thales, dem Haupte der frühen ionischen Schule, von Pythagoras
und Plato an bis in verhältnissmässig späte Zeit der aegyptischen
Weisheit widmeten. Doch wäre auch von all diesen Lobpreisungen
nichts auf uns gekommen, so würden doch die Spezialforschungen der
letzten Zeit auf mathematischem und metrologischem Gebiet lehren,

... Die erstaunliche ... in ... Einzelheiten ... der alten Aegypter ist von den sterbenden ... der griechische Heilwissenschaft übertragen worden, ... ebenso vorgültig und systematisch wie die aegyptische ... Heron und seine Nachfolger, von deren Thätigkeit die erhalten ... den ägyptischen Geometrie genugsam zeugen.« Derselbe Herr ... auch, wie das aegyptische Apothekermaass nach dem Verhältnis ... $3:X$ in das attische umgesetzt wurde, und wie nach diesem ... umgeweise das μικρότερον μόστρον der Kleopatra, das dem ... lichen Systeme nach nicht zur attischen Kotyle gehören ... unmittelbare Äquivalent des aegyptischen Ro war. Dies selbe ... erscheint noch verhältnissmässig spät auch als Theilmaass einer ... vinzial-römischen Kotyle und enthielt also ½ des Hin 0,441 ...

Dies in Aegypten heimische Maass, das sich auch griechischen Ärzten so lebhaft zur Annahme empfahl, ist nun, wie wir entschieden zu behaupten wagen, auch von dem Verfasser des Pap. Ebers ... fach berücksichtigt worden. Zu dieser Überzeugung gelangten wir durch eine eingehendere Prüfung der gesammten Handschrift und zuerst durch die genaue Würdigung des hieratischen 〉, das Stern nur für ein Essig-, Bier- und Ölmaass erklärt. Es gehört im ... Pap. Rhind[50] zu den Bruchtheile des Ro darstellenden Zeichen ... zwar wohnt ihm der Werth von ⅔ Ro (¹/₄₅ Hin) bei. Es fragt sich nun, ob der Pap. Ebers diesen Ansatz bestätigt, und solches ist ... sächlich der Fall.

In zwei Recepten kommt das 〉 vor, und das erste VI, 19 ... ordnet von Bert 〔⁰₁₁₁〕 (Zwiebeln?) ⅓, von süssem Bier 〉 zu nehmen das Ganze über Nacht stehen und dann von dem Patienten trinken zu lassen. Nun geht aus anderen Vorschriften das Bestreben des Arztes ...

50) Metrologie. S. 540.
51) P. Tannery's Darlegungen in der Revue archéologique (1881. p. 160 ...) sind unhaltbar. Nach ihm wird das Ro viel zu klein auf 0,06 Liter angesetzt.
52) Eisenlohr. S. 12.

der dem Papyrus [illegible], hervor, besonders da [illegible] die [illegible] zu Dritteln des Masses genommen werden sollen, die Einheit herzustellen. Dies ist denn auch bei dem Recepte W. 19 der Fall, denn wenn }, wie wir voraussetzen, ⅔ Ro bedeutet, ⅓ Ro des Sert (Zwiebel?) mit ⅔ Ro süssen Bieres zusammen ein ganzes Ro [illegible]. Zur Verdeutlichung des Gesagten diene die folgende Schreibung:

Sert (Zwiebeln?) [hieroglyph]	✛	= ⅓ Ro
Süsses Bier	}	= ⅔ Ro
Summa		1 Ro = [illegible] Liter.

Das soll getrunken werden, und dieser Umstand beweist, dass das } jedenfalls mehr als ⅓ bedeutet; denn das Sert [hieroglyph] war wie sein Determinativum beweist, consistent, und wenn es getrunken werden sollte, musste ihm eine Quantität von Flüssigkeit beigegeben werden, die seine Menge überstieg. ½ ist } keinenfalls, und so dürfen wir es, da es ja auch im math. Pap. Rhind den Werth von ⅔ Ro besitzt, mit ziemlicher Sicherheit für ⅔ dieses Hohlmasses halten.

Dass das runde Ganze, zu dem die Theile unseres Receptes sich vereinen lassen, wenn } = ⅔ Ro ist, auf keinem blossen Zufall beruht und der Arzt in der That bestrebt war so zu verschreiben, dass die zu ⅓ Ro verordneten Droguen zusammen 1 volles Ro ausmachten, lässt sich durch zahlreiche Beispiele erweisen, aus denen zu gleicher Zeit hervorgeht, dass das ✛ gleich ist dem Drittel eines Hohlmasses, und zwar, wenn nicht Alles täuscht, in den meisten Fällen des Ro. Zu den Gewichten gehört es, schon weil es nicht durch 2 theilbar ist, in keinem Falle. Dass das Ro dagegen nach dem Duodezimalsystem getheilt ward, lehren seine am häufigsten vorkommenden Bruchtheile im math. Pap. Rhind: ⅔, ⅓, ½, ¼ [53].

Von den Recepten, in denen die Addition der zu Dritteln des Ro verschriebenen Theile ein Ganzes ergibt, sollen hier, um das oben Gesagte zu belegen, nur einige angeführt werden:

---

53) Daneben kommen auch 1/7, 1/14, 1/21, 1/42 etc. desselben Maasses im math. Pap. vor, doch haben diese Brüche nichts mit der Eintheilung des [illegible] Maasses zu schaffen.

LIV, 5—6.	Dumpalmenmehl (oder Paste)	+ = $^1/_3$ Ro
	Gänseschmalz	+ = $^1/_3$ Ro
	Honig	+ = $^1/_3$ Ro
	Summa	$^3/_3$ = 1 Ro.

LXXXVI, 15—16.	Durramehl, zerrieben u. geröstet	+ = $^1/_3$ Ro
	Dumpalmenmehl, geröstet . .	+ = $^1/_3$ Ro
	Flüssiges Fett	+ = $^1/_3$ Ro
	Summa	$^3/_3$ = 1 Ro.

XVII, 5—7.	Zapfen? (χrn) der Ceder oder Pinie? (sbt) . . .	+ = $^1/_3$ Ro
	Bodensatz, Hefe (srm) . . .	+ = $^1/_3$ Ro
	Wasser $^1/_2$ und	+ = $^1/_3$ Ro
	Summa	$^3/_3$ = 1 Ro.

Hier wird zu dem $^1/_3$ Ro Wasser als Bindemittel noch ein $^1/_2$ dnât verordnet. Das $^1/_2$ und + = $^1/_3$ Ro stehen so weit auseinander, dass man hier an zwei verschiedene Maasse und nicht an den Bruch $^1/_2$ $^1/_3$ = $^5/_6$ denken muss. Die drei + stehen tabellarisch derart untereinander, dass dadurch ihre Zusammengehörigkeit angedeutet wird.

III, 10—15.	Honig	$^1/_8$ des Gewichtes
	šn te (agnus castus?) . . .	+ = $^1/_3$ Ro
	Dattelwein oder Saft	+ = $^1/_3$ Ro
	gngnt ?	$^1/_8$ des Gewichtes
	Öl	+ = $^1/_3$ Ro
	Summa $^3/_3$ = 1 Ro und dazu 2 × $^1/_8$ des Gewichtes.	

Es werden also auch hier $^3/_3$ des Ro zu einem Ganzen vereint und dazu 2 Droguen gegeben, von denen je $^1/_8$ der Gewichtseinheit genommen werden soll.

XXIV, 2.	Dattelmehl	+ = $^1/_3$ Ro
	ϑart Pulver	+ = $^1/_3$ Ro
	mste flüssigkeit	∫ = $^1/_3$ Ro[54]
	Summa	$^3/_3$ = 1 Ro.

54) Das ∫ kann auch »der Rest« bedeuten. Über dies Zeichen wird weiter unten S. 180 (48) gehandelt werden.

XXVIII, 10 … Wasser … Summa … … …

XXXIII, 6—7 steht ein Medicament, das durch das Klystier eingespritzt werden soll. Er verordnet:

Ochsengalle	¼ Ro.
Abgekochte Milch	⅛ ¼ Ro.
Honig	¼ Ro.
Möhus	¼

Summa $2 \times \frac{1}{2} = 1$ und $3 \times \frac{1}{3} = 1$ Ro.

Dies macht 2,82 Centiliter aus, die knapp 1½ unserer Esslöffel füllen und nur für ein kleines Klystier genügen würden. Es wird auch nur verordnet, das Lavement »in den Hintern einzuspritzen einen Tag, also doch wohl nur einmal. Dennoch ist vielleicht eine weit grössere Quantität gemeint, indem sich die Halben, mit denen die abgekochte Milch und die mihus ᵒ Flüssigkeit gemessen werden sollen, auf ½ des ḥuāt ⅂ beziehen, mit dem die Milch oft gemessen wird, z. B. II, 11 und 21 (¼ und ⅓ ḥuāt). Eselsmilch 1 ḥuāt XXIV, 13. Milch einer Frau ½ ḥuāt LXXV, 6. Eselsmilch ⅓ ḥuāt LXXXVII, 1. Nur einmal LIII, 9—10 wird ein Hinkrug Milch verordnet, der zu 2 Droguen zu mischen ist, welche, weil hinter beiden der Strich 1 steht, zu gleichen Theilen genommen werden sollen. Dies Recept lautet:

Bert ᵒ Zwiebeln? 1, Gedörrte Datteln 1, 1 Hin ᵍ Milch. Zu trinken.

5. Der Strich 1 und seine Bedeutung.

Es fragt sich nun, für wie gross man die gleichen Theile zu nehmen hat, die hier von Zwiebeln? ᵒ und gedörrten Datteln verordnet werden oder, um die Frage auf den ganzen Papyrus auszudehnen, auf welches Maass oder Gewicht sich der Strich 1 bezieht, der so oft hinter den Namen von Droguen vorkommt, die zu gleichen Theilen genommen werden sollen, und da lässt sich denn von vorn herein behaupten, dass er weder ein ganzes ḥuāt ⅂, noch ein ganzes Hin, und schwerlich auch ein Ganzes von dem Gewicht, das bis in Vierundsechzigstel zertheilt wird, bedeuten kann. Mit dem Strich 1

Wein . . . .)

Honig . . . .)

in te o (agnus castus?) . . . . . |

Durchzuseihen und einzunehmen einen Tag.

Hier ist von je drei Substanzen die nämliche Quantität zu geben.

XXI, 15—20 werden 4 Drogen zu gleichen Theilen verschrieben, XXXV, 4 und 5 sehen wir mit 5 das Gleiche geschehen; in anderen Recepten werden 6, 7 und so fort verordnet, bis wir in LXXXII, 22—LXXXIII, 18 einer Salbe[35]) begegnen, die aus 35 Drogen die alle mit dem Strich | bezeichnet sind und also sämmtlich zu gleichen Theilen genommen werden sollen, zusammengesetzt ist. Wollte man nun in diesem vielgliedrigen Recept die Einheit, welche durch den Strich bezeichnet wird, für ein dnat-Hohlmass von 0,608 Litern oder ein Hin von 0,456 Litern halten, so würde sich nach Herstellung des Medicamentes eine Menge von Salbe ergeben, die auch in der aegyptischen Apotheke ungeheuerlich wäre; denn sie würde, wäre | gleich dem dnat oder Hin, eine Masse von 21,280 resp. 15,960 Litern ausgemacht haben. Es hätte eines gewaltigen Kessels bedurft, um diese Salbe, für welche der Papyrus vorschreibt, sie solle erst gekocht und dann zum Einreiben benutzt werden, darin fertig zu sieden, und dabei sind die zahlreichen Salbenbücher, welche aus dem alten Aegypten gerettet worden sind, von keineswegs

---

35) Statt des gnn LXXXII, 22 muss sicher stehen sgan, wie LXXXI, 7. Auch des Determinativum ist unbedingt verschrieben.

wird auch sonst vielfach verwendet, doch immer nur in ganz kleinen Mengen. Einmal soll ⅛ der Drachme von 0,091 Gramm genommen werden, sonst immer nur ⅟₆₄, und so ist es denn geradezu undenkbar, dass in unserem complicierten Salbenrecepte 45 oder gar 60 Centiliter von der gleichen Specerei (ein Hin oder ein dnat 𓏲) verordnet worden sein sollten. Beziehen wir den Strich ı dagegen auf das Ro von 1,44 Centiliter, so würde die ganze Salbe 49,35 Centiliter, d. i. etwa einen halben Liter gefüllt haben, und diese Quantität wäre angemessen den sonst in der aegyptischen Apotheke verarbeiteten Mengen und würde eine Salbenbüchse von stattlicher Grösse erfordert haben. Da auch Fliegendreck unter dem mit ı bezeichneten zu gleichen Theilen zu definierten Drogen von Honig (t. XIV, 1—2 und a. a. O.), würde dies für sich allein verbieten, jeden Strich dem dnat oder Hin gleichzusetzen; denn wie könnte von dieser Substanz eine so ansehnliche Menge verordnet werden?[50]

Das msdmt 𓏏𓏥[51] (sonst auch msdmt 𓄿) Stibium (vielleicht auch Bleiglanz), eine für das Auge bestimmte Drogue, gehörte zu den gebräuchsten Mitteln der aegyptischen Officin. Das 𓏏𓄿𓅱 msdmt sowie das 𓏏𓄿𓅱𓏥 msdumt 𓏏𓏥 oder sedumt 𓏏𓏥 zwei

---

50) Es kommt hier nicht darauf an, ob wir in Punt die Arabia felix, die Ostküste oder eine Combination beider Erdlokale zu denken haben. In Dümichen's Reisen einer aegyptischen Königin sehen wir auch die baumtragenden Schiffe bringen, um sie in Aegypten zu acclimatisieren. Dioscorides ed. Kühn. T. II. p. 73 ff. lobt seine Provenienz und schreibt ihm Heilkraft gegenüber sehr verschiedenen Leiden zu.

51) Das 𓏏𓄿𓅱 msdmt-t oder sedumt-t ein besonderes Mittel (𓃀 kann mit oder se umschrieben werden) ist jedenfalls das στίμμις der Griechen, das Plinius hist. nat. l. l. als ein Metall Namens stimmi, stibi, alabastrum oder larbase bezeichnet. Es darf für unser Stibium, Antimonium gehalten werden. Das msdm𓏏

... der Drachme ... ... dass, wo ... ... und mit gleichen Theilen, sondern ein ... ... die zwischen dem Gewicht der Drachme und ... ... die Wahl bleibt. In den meisten dieser ... ... ja wohl überall, wo es im ganzen Recepte ... durch den Strich gekennzeichnete Einheiten gibt; treten ... aber zu 2, 3 oder 4 zusammen, wie LXI. 2, ... in der gleichen Vorschrift wurde ein Bruch angewandt, der ... System des Gewichtes gehörte, das wir Drachme nannten, so ... die Theile desselben doch wohl eher gewogen als gemessen ... wenn diese Recepte nicht eine allgemeinere Fassung gestatten ...
wir z. B. LXII. 22 — LXIII. 1 verordnen: uatu °₁₁₁ 2, ann °₁₁₁ ... 2½, Natron 1, χntš °₁₁₁ ¼, so sieht es aus, als ob hier ... werden solle. Dies gilt sicher und gewiss von dem χntš °... ¼ zu keinem anderen als dem Gewichtssystem gehören kann, ... uatu °₁₁₁ ein Mittel für die Augen, soll, wenn es nicht mit der ... Zahl 1, oder, wie hier, mit der 2 vorkommt, immer gewogen ... und zwar mit ¼, ½, ¹⁄₃₂ und ¹⁄₆₄ unserer Drachme. Von dem ... Medicament Ⓜe °₁₁₁ 'anu °₁₁₁, wovon 1 verordnet wird und das ... Tinte, schwarze Farbe, jedenfalls einen Schreibe- oder Malstoff ... gilt das Gleiche. ¹⁄₃₂ oder ¹⁄₆₄ der Drachme soll davon genommen ... werden. Von dem msdmt °₁₁₁, hinter dem in unserem Recepte ... steht, ward schon oben bemerkt, dass es nur gewogen ward. ... hmn °₁₁₁ Natron wird gewöhnlich in Recepten zu gleichen Theilen ... verwandt; der Vorschlag, es zu wiegen, kommt sonst nicht vor; ... man scheint eben nur 1 Ro, d. i. 1,44 Centiliter davon den Medica ... menten beigegeben zu haben. Das χntš °₁₁₁, wovon wir ⅛ nehmen ... sahen, wird gewogen und zwar mit ¼, ¹⁄₁₆, ½ und ¹⁄₆₄ der Drachme ... So scheint hier ein Medicament mit zu wägenden Einzeltheilen gemeint ...

... kopt. cenm stibium bezeichnet die Augensalbe und das Salben der ... Über msdm-t = Mstvitriol s. Abth. II zu LVI, 5.

50 Pap. Ebers. Der Name v. ... ...

zu sein. Die ... Grösse der ... ...
sich, vielleicht, durch die Bestimmung des Mittels mit Wasser zu
mischen, werden. LIX, 1 wird von Stibium der ... ...
Drachme verordnet. Die kleine Dosis ist dann mit anderen Medicamenten fein zu zerreiben und ohne irgend eine grössere Zuthat
von Fett oder Wasser direct auf die Augen zu thun.

Freilich darf auch vermuthet werden, dass mit der LXI, 21
—LXII, 1 angegebenen Zahlen nur ein Verhältniss ohne Rücksicht
auf ein bestimmtes Maass gemeint sei, zumal auch die Menge des
der Arznei beizumischenden Wassers angegeben bleibt. Es würden
also die Drogen zu nehmen sein im Verhältniss von 2:1:2:4:¼.

Das Gleiche würde dann für die dem letzteren verwandten
Recepte gelten, deren erstes, LXI, 21, lautet: Stibium IIII, Honig III,
oder mit anderen Worten: 4 Theile Stibium zu 3 Theilen Honig zu
geben (und dies auf die Augen zu thun)[39]. Ganz ähnlich wäre auch
das Mittel LXII, 2 zu fassen: Stibium 2, Honig 4, natu ¼, χntš ¼,
echtes Lapis Lazuli, das zu zerreiben und auf die Augen zu thun ist.
Hier wäre die Proportion 2 : 4 : ¼ : ¼ + einer unbestimmten wahrscheinlich kleinen Menge Lapis Lazuli. Das ¼ gehört zwar, wie oben
LXII, 1 das χntš ¼, in das Gewichtssystem, doch kann es um
so eher nur auf die Proportion weisen, als dem zuletzt erwähnten
Recept LXII, 2 ein anderes folgt, welches verordnet: Stibium 2,
Gänseschmalz 2, Wasser 1, in die Augen zu spritzen[41]) und sodann
Stibium 1, χt ... aue ... fauliges[42]) Holz? 1, fein zu zerreiben und auf
die Augen zu thun, oder mit anderen Worten: Stibium und fauliges
Holz! zu gleichen Theilen etc.

---

38) [hieroglyphs] zu zerreiben mit Wasser.

39) [hieroglyphs] rde m nrtj [hieroglyphs] auf die Augen thun (damit sie auf der
Stelle genesen).

40) Dies bestimmt das [hieroglyphs] desgleichen, welches sich auf das vorgehende
Recept Z. 19 bezieht.

41) [hieroglyphs] in die Augen zu spritzen.

42) [hieroglyphs] iue ... Holz; des wegen des Determinativums [hieroglyph] womit es sonst vorkommt, Holz der Firniss oder fauliges Holz bedeuten kann.

... der durch 2 dividirbar.

6. Wo gewogen oder gemessen werden soll.

Aus dem Gesagten geht hervor, dass, wo ganze Zahlen Beigabe eines bestimmten Maasszeichens vorkommen, diese sich auf das Verhältniss der einzelnen Droguen zu einander bezogen haben. Ein Recept, bei dem hinter den Namen aller vorgeschriebenen Mittel der Strich I, d. i. die Eins steht, ist zu gleichen Theilen zu nehmen. Die Quantität, welche gewöhnlich von der einzelnen genommen wurde, war gleich dem Ro von 1,11 Centil. Nur bei der letzten Substanz in der Droguenreihe eines Recepies, dem Hauptmittel, gewann der Strich, wie wir unten zeigen werden, gewöhnlich eine andere Bedeutung. Handelte es sich um ganz kleine Dosen, so bediente man sich der 64 Theile des Drachmengewichtes 6,064 Gramm. Kamen in einem Recepte neben der Eins noch diese überschreitende Zahlen vor, galt es gewöhnlich nur die Proportion anzudeuten, in der die Einzelmittel genommen werden sollten. Gab es in der nämlichen Verordnung, wie LXII, 22 — LXIII, 4, ganze Zahlen und Brüche, die in das Gewichtssystem gehörten, so sollten alle Droguen in der Regel gewogen werden. Als Beispiel führen wir LXII, 12 und 13 an, wo zuerst madmt $_{|||}^{o}$ 2 vorgeschlagen und sodann von anderen Mitteln ¹/₆₄, ¹/₁₆, ¹/₈, ¹/₁₆. Kommen die Theile unserer Drachme vor, wie LIV, 6, wo verordnet wird: Dattelpulver ¹/₃₂, inft $_{|||}^{o}$ ¹/₃₂, sâm ⚕ ¹/₈, ânê te $_{|||}^{o}$ ¹/₈, soll natürlich ...

... den Duodecimalsystem getheilt ward, das ebensowohl in Viertel als in Drittel zerfiel. Stände hier statt $\frac{1}{4}$ $\frac{1}{3}$, so würden die 3 verschriebenen Droguen unbedingt zu wägen gewesen sein. Flüssiges wird fast immer gemessen, häufig auch Pulverisiertes; Pflanzentheile, Mineralien und importierte Spezereien werden gewöhnlich gewogen.

Ergebnis. Über die Theilung des Gewichtes, das wir Drachme hiessen, ist das Nöthige gesagt worden. Es enthielt 6,064 Gramm und zerfiel in Brüche, deren Zähler 1 und deren Nenner Potenzen von 2 sind. Weiter als bis $\frac{1}{64}$ wurde die Theilung nicht geführt; auch hatte die Beschaffenheit der Wagen in alter Zeit dies wahrscheinlich verboten.

Die Theile unserer Drachme sind also: $\frac{1}{2}$, $\frac{1}{4}$, $\frac{1}{8}$, $\frac{1}{16}$, $\frac{1}{32}$, $\frac{1}{64}$ und selten $\frac{1}{3}$. Wo — sehen wir von $\frac{1}{2}$ und $\frac{1}{4}$ ab — diese vorkommen, soll stets gewogen werden. $\frac{1}{2}$ war nicht nur von der Gewichtseinheit, sondern auch, und zwar viel häufiger, von dem Ro und ebenso von dem Mat $\daleth$ zu nehmen. XXIV, 3 werden verordnet 3 Droguen, von denen je $\frac{1}{3}$ Ro zu nehmen war, mit einer Quantität von $\daleth$ $\frac{1}{3}$ zu kochen; dies $\daleth$ $\frac{1}{3}$ aber halten wir nicht für $\daleth\frac{1}{3}$ daat, sondern für

... spricht nichts ... ... Sie werden ... dem ... XV, ... würde XLV, 3, wo wieder ½ ... ... Drogues gethan werden soll ... ... zu denken haben.

... Warum ... je das ... tichen ½ ist, statt seiner ... aber ... gebraucht wird, um den gleichen Bruch darzustellen ... doch gehört dergleichen nicht zu den seltenen ... ist möglich, dass, weil ja Recepte, die aus 3 Droguen ... häufig waren, unser ... arq zu lesen war und für ... einen Rest von ½ sei es das Ro oder das ... ... die letztere Auffassung spricht der Umstand, dass es ... der letzten Stelle des Receptes und hinter der dies ... Drogue als eines der gewöhnlich mit dem duat ... ... Sindemittel vorkommt. Dies gilt auch für diejenigen ... mit ½ zusammen ⅜ auszumachen scheint; denn auch hier ... unser Zeichen die Verordnung.

Das ⌀, welches XXV, 2 als Maaszeichen hinter ... netem Wasser steht, ist wegen seines vereinzelten Vorkommen ... zu bestimmen. Das Recept, durch welches wir es kennen ... XXIV, 20—XXV, 3 wird gegen Leibschmerzen vorgeschlagen ... darin verordneten Mittel, welche meistens gewogen werden ... sind zu kochen. Nachdem von 5 Droguen ¹⁄₁₆ und von ... unserer Drachme abgewogen sind, soll ¼ eher unserer Dr... des Ro Öl und ¼ Honig genommen und dem allen ⌀ Wasser ... fügt werden. Wir irren wohl nicht, wenn wir dies Zeichen ... etwas sonderbar geschriebene ⌂ = ⌂ halten, das XII, ... uatu ᵒ mineral[64]) und XXXXIII, 16 von der db ... ... (geschrieben ⌂) genommen werden soll (s. S. 147 (15) No...

---

64) Eine Art Stibium, das auch zu Augensalben verwandt wurde.

fragliche [...] ist und wahrscheinlich [Deich?] [...] ein wenig, und von dem Wasser, dessen Menge es bestimmt, soll keine zu messende oder zu wägende fest begrenzte Quantität, sondern [...] genommen werden.

§. [...] ⅓ als Hälfte eines grossen [...]

Ein wichtiges Recept LXXXIX, 16 und 17 verordnen Dattelpulver oder Mehl [...] = ⅓, Wasser [...] = ⅓ [...] zusammenzukochen zu einer Portion von 2 Hin und warm zu trinken oder zusammenzukochen mit einer Portion von 2 Hin (von etwas Inglichem, als bekannt Vorausgesetztem) und warm zu trinken. Ist die erste, dem Grundtext genau entsprechende Übersetzung richtig, so können weder [...] noch [...] ⅓ des Ro, unserer Drachme, des Hin oder sogar des Dnat [...] ausmachen, weil 2 halbe Dnat nur 60,8 Centiliter betragen und also nicht zu 2 Hin, die 94,2 Centiliter enthalten, zusammengekocht werden könnten. Da das Recept nach dem Kochen getrunken werden soll und nicht gegessen, muss mehr Wasser als Dattelmehl dazu gehört haben, und fassen wir das [...] = ⅓, das die von der festen Substanz zu nehmende Quantität bezeichnet, für welches Hohlmaass wir immer wollen — für Ro, Hin oder Dnat —, so muss das [...] hinter dem Wasser doch die Hälfte eines von uns noch unerkannten Maasses bezeichnen, das grösser war als das dnat [...] von 60,8 Centiliter und dessen Hälfte zusammen mit der Hälfte jedes der uns bekannten Hohlmaasse Dattelmehl mehr als 2 Hin oder 94,2 Centiliter betrug. So hätt' es dann also ein eigenes Maass für das Wasser gegeben, das dem Apotheker nicht besonders bezeichnet zu werden brauchte, ähnlich wie wir, wenn wir von einem »Schnitt« oder einem »Halben« reden, nicht besonders bemerken, dass Bier gemeint sei.

Die zweite Übersetzung von LXXXIX, 16 und 17 ist grammatisch haltbar, doch etwas gezwungen. Nach ihr würden die halben Maasse (sagen wir des dnat [...]) Dattelmehl und Wasser zusammenzukochen sein mit einem Mittel, einer Arznei von 2 Hin; denn spp O ist nur eine verstärkte Form der Wurzel sp O, und dies sp kommt sehr häufig vor als Heilmittel oder Medicament, so XXV, 8, wo es heisst: »So

... durch Bier zusammendrücken ...
... Syrup und der fernere Gebrauch der ...
... ist leider u. l. So muss es ...
... Recepte bleiben und in ein grösseres ...
... gemacht werden, wie das ...

... sind die Zeichen für ¼, ⅓ und ...
... Maass haben, welches Maass gemeint ist, und ...
... muss eine besondere Würdigung gewidmet werden.

Die Bademittel und die Steigerung des Werthes ...
periistenden Zeichen.

... Wasser und Bier genommen werden soll, ...
... die Reihe der verordneten Droguen. Dann ...
... die Rede derselben: Milch, Honig, Öl, Fett, Bier ...
... und dann am Schluss des Recepts stehenden ...
... und als Bademittel für die vorhergehenden ...
... Als Beispiel diene das Recept XLIV. 1 (—2):

... Saften	...	¼ Drachme
... (Mehl?)	...	½ Ro
... metall	...	½ Drachme
frische Datteln	...	½ Ro
Wasser	...	1 dael von 0,...

Eine Nacht stehen lassen, durchseihen und einen Tag ...

Ähnlich lauten die Verordnungen, wo es Salben betrifft ...

XLIX. 20—21:

... qu schwarzer Messerstein (Flint?)	...
Weihrauch	...
Salben	...
Honig	...

Drei Tage lang auf die Augen zu thun.

... zu kochen, durchzureihen ...

... das ... soll je ... thut ... nämlich ... Menge von 60,3 ... die Droguen eine leichte ... Arznei ... dem ... Recept auf Taf. II wird nur von Honig und ... ½ Drachme verschrieben, die zusammengethan und ... werden sollen. III, 1 und 2 folgt dann die Verordnung ... geschehen, indem man die Ärmel mit Bier  = ½ ... + = ⅓ trinke"), ½ oder ⅓ Drachme") — ungefähr 3 oder ... Bier oder Wein — lassen sich aber hier kaum denken, ... wenig kleine Theelöffel von dergleichen Flüssigkeiten, welche ... ergeben würden, wenn wir ... und + für ⅓ und ½ ... Unter anderen Droguen, mitten im Recepte und mit keinem ... Maasszeichen versehen, würden wir das + unbedingt für ... klärt haben, hier aber am Schluss der Verordnung, wo die ... mittel Wein und Bier nachzutrinken sind, müssen wir + und ... auf ein grösseres Maass beziehen. Vielleicht haben wir wieder das dnát ... zu denken, das, wie wir sahen, oft in Haiba und ... zerfällt, während das Hin, das ja viel grösser ist als das Ro in unserer Handschrift, nur ganz und halb gebraucht wird; auch würde ⅓ nicht in das System seiner Theilung gehören. Es muss also hier wohl unter ... und + ½ und ⅓ dnát ... gemeint sein, wenn der Arzt nicht ... ein anderes Flüssigkeitsmaass im Sinn hatte, das wir nicht näher ... bestimmen vermögen.

In dem zweiten Recept Taf. III werden drei harte vegetabilische Substanzen zu je ⅓ Drachme und sodann ihnen ¹⁄₁₂ Drachme Honig

---

65) sám ... Gewöhnlich nicht nur für »einnehmen«, sondern für trinken gebraucht mit Wein und Bier.

66) Drachmen sind gewiss nicht gemeint. Daran zu denken verbietet schon das + ⅓, das ausserhalb dieses Gewichtssystemes steht. —

hinzugeben verordnet. Da das ganze Mittel [illegible] wenig, so würde eine so geringe Quantität Honig als Bindemittel genügen. Sollen wir dann aber VI, 2—6 ¼ Drachme, ⅛ Ro und 3 × ⅛ Drachme von verschiedenen Substanzen und am Schluss der Verordnung [illegible] kühlen Bieres verschreiben, so kann sich dies wieder nur auf das dnàt [illegible] oder ein anderes grösseres Hohlmaass beziehen. Das Gleiche gilt von den ⅔ kühlen Bieres, die auf dem zweiten Recept der Taf. VIII, 9 verschrieben werden. Begegnet uns also am Schluss einer Reihe von Droguen, denen das Maasszeichen beigegeben ist, ein Bindemittel ohne Angabe des Maasses, wie X, 12 Frauenmilch, XIII, 11 Wasser, XXII, 13 Wein, so wird wohl wieder gewöhnlich an das dnàt zu denken sein. Soll XIX, 20 und 21 eine Lösung in einem Hinkrug mit ½ ⅓ = ⅚ Wasser hingestellt werden, so kann das nicht auf das kleine Ro von 1,14 Centiliter, sondern muss wieder auf das grössere dnàt gehen, während im Inneren complicierter Recepte der Strich ǀ weit eher für ein ganzes Ro als ein ganzes dnàt, ✚ für ½ Ro und nicht für ½ des dnàt oder eines anderen grösseren Maasses zu halten ist. Als ein Beispiel für viele erwähnen wir XLIII, 9 ff., wo Droguen mit folgenden Maassen vorgeschlagen werden: ⅛, ⅛, ⅟₁₆, ⅟₁₆, ⅟₁₆, ⅟₁₆, ⅛, ⅛, ⅟₈, ⅟₃₂, ⅟₁₆, ⅟₃₂, ⅟₃₂ Drachme, ✚ = ½ Wein ⅟₃₂, ⅟₃₂ Drachme, und endlich als Bindemittel ⅓ dnàt ᒣ Bier. Hier kann mitten in der Reihe der vorgeschlagenen Medicamente nicht ⅓ dnàt Wein gemeint sein, weil ja vom Biere, dem Bindemittel, dessen Quantität immer grösser ist als die der Medicamente, ⅓ dnàt zu nehmen ausdrücklich vorgeschrieben wird. Hätte der Arzt ebenso viel Wein zu verschreiben beabsichtigt wie Bier, so würde er wahrscheinlich nach Analogie zahlreicher anderer Recepte den Wein neben das Bier an den Schluss der Verordnung gestellt und jedenfalls neben das ✚ hinter dem Namen des Weines auch noch das ᒣ gesetzt haben, da ja das einfache ✚, das in Mitten einer Reihe von Droguen steht, stets ½ Ro bedeutet. Unter zu Achteln, Sechszehnteln und Zweiunddreissigsteln der Drachme zu messenden Droguen passt der Quantität nach weit besser ½ Ro als ½ dnàt für unser ✚ = ½ beim Weine, während es als Bindemittel für so zahlreiche Substanzen schon einer ziemlichen Flüssigkeitsmenge bedarf, und solche liefert ja auch das Drittel des dnàt ᒣ von 60,8 Centilitern süssen Bieres, welches unser Recept beschliesst.

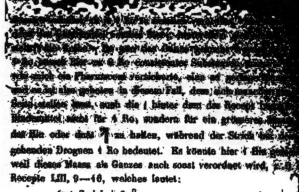

Gert Zwiebeln? . . . . ı
Gedörrte Datteln . . . . ı'
Milch . . . . ı Hin
Das Ganze ist zu trinken.

Hier also wird neben 2 zu je 1 Ro zu nehmenden Drogen auch lich 1 Hin des Bindemittels Milch zu nehmen bestimmt, und es könnte also wohl sein, dass überall, wo nicht wie bei den zuerst angeführten Recepten sämmtliche vorgeschlagene Mittel zu je 1 Ro, also zu gleichen Theilen mit Einschluss der Bindemittel zu nehmen waren, die 1 hinter dem letzteren am Schluss der Verordnung gelegentlich 1 Hin oder 0,456 Liter bedeutete. Dies wird wohl auch bei der Salbe mit 35 Droguen LXXXII, 22—LXXXIII, 8 anzunehmen sein. Das grosse Mittel ist zusammengesetzt aus 35 Substanzen zu je 1 Ro, unter denen nur — ausser dem Bindemittel — zwei auseinandertreibbar sind, klares Öl und Gänseschmalz. Die 34. Drogue, Rinderfett, ist das Bindemittel. Mit ihm sollte das Recept wohl schliessen, doch fügte der Arzt noch šeše 1, einen Pflanzensamen hinzu, der anderwärts gekocht und zu 1/64 Drachme gebraucht werden soll. Das Ganze ist zum Einreiben bestimmt, doch würde sich das kaum damit bewerkstelligen lassen, wenn wirklich zu den 32 Ro harter Stoffe nur 3 Ro

<hr/>

68) Den Strich | allgemein für 1 Hin anzusehen ist unmöglich. Weihrauch, Myrrhen, Antimon, Fliegendreck, konnte nicht in so grossen Dosen genommen werden, und LXXXII, 11 hätte, wie gesagt, eine Salbe ergeben, die, rechnet man das Hin rund zu 1/2 Liter, nicht in 19 Litergefässe unterzubringen gewesen wäre.

zertheilbaren Sämen. Nimmt man dagegen an, der Strich hinter dem
Bindemittel Rinderfett bedeute ein Hin=von 0,4064 Liter, so würde
den gut zu den 42 Ro == 0,141 Liter der harten Stoffe passen, die
neben dem Hin Rinderfett, dem Ro Öl und Gänseschmalz stehen,
woraus die Salbe zusammenzusetzen ist.

Aus dem Gesagten ergibt sich also die folgende Regel.

Wo eine Reihe von Droguen, hinter denen allen mit Ausschluss
der letzten, d. i. des Bindemittels, der Strich steht, das Recept bildet,
sollen die einzelnen Substanzen zu je 1 Ro oder ohne nähere Bestimmung »zu gleichen Theilen« genommen werden. Nur in gewissen
Fällen, die der Arzt leicht erkannte, war der Strich hinter dem Bindemittel, das die Verordnung abschloss, für ein grösseres Maass, wahrscheinlich für 1 Hin zu halten.

11. Verschiedene Bedeutung des gleichen Zeichens.

Hieraus ergibt sich, dass einige Zeichen einer doppelten Deutung
fähig waren; doch konnte diese getrost der Erfahrung des Apothekers
überlassen werden. Was das Bindemittel sein sollte wusste er im
Voraus und konnte es überdem aus seiner Stellung am Ende des Receptes erkennen. Ein Blick auf die Reihe der verordneten Droguen
und die ihrer Aufzählung folgende Angabe wie sie zu behandeln und
anzuwenden seien, lehrte ihn, ob der Bruch hinter dem Bindemittel
sich auf das Ro oder dnat, der Strich auf das Ro oder Hin beziehe.

Wenn ½ ohne nähere Angabe des Maasses verordnet wird, kann
es für die Hälfte des dnat, des Ro oder unserer Drachme angesehen
werden, und das Gleiche gilt auch von ¼, wenn dieser Bruch auch
am häufigsten in das Gewichtsystem gehört. ⅓ und ¾ können nur
bestimmen, wie viel vom Ro oder dnat verlangt wird. Auf das letztere
beziehen sich die genannten Brüche indessen nur, wenn das 1 sie
begleitet oder wenn sie hinter dem Namen eines Bindemittels am Ende
des Receptes stehen. Die Einheit, der Strich I, deutet gewöhnlich auf
das Ro; hinter dem Bindemittel am Schluss der Verordnung aber auch
bisweilen auf das Hin.

Somit wären denn alle vorkommenden Maasszeichen bestimmt,
und es liegt uns nur noch ob zu untersuchen, wie sich ⚒ und ⚖
unterscheiden, von denen wir wissen, dass sie beide ¼ bedeuten.

[illegible] Bindemittel, von dem die Hälfte zu geben ist, [illegible] nicht das [illegible], sondern an den Schluss zuerst von Drog[illegible] die mit dem Ro zu messen sind, wie XVI, 19—20, wo [illegible] aegyptischem Durrakorn ⅓ Ro, von Seesalz ⅙ Ro und [illegible] genommen werden soll. Als Bindemittel für nur zu Wägende[illegible] Wasser = ½ z. B. in den Recepten XLV, 8 und 9 [illegible] Droguen, die mit ¹⁄₈, ¹⁄₈, ¹⁄₁₆, ¹⁄₃₂, ¹⁄₄, ¹⁄₃₂ zu wiegen sind, [illegible] Das Gleiche gilt von den Recepten XLV, 9—10, 16—18, [illegible] 20—22; L, 10—11. Theils zu Wägendes, theils zu Messendes [illegible] LI, 8 und 9 durch = ½ Wasser gebunden werden. Die [illegible] schriebenen Masse lauten dort ⅓ ⅓ = ⅔ Ro, ¹⁄₄, 2 × ¹⁄₃₂ Dr[illegible] Wasser = ½. Hier könnte in einigen Fällen zwar [illegible] für ½ Ro gehalten werden, z. B. XVI, 20, wo ½ Ro Wasser [illegible] nügendes Bindemittel für ⅓ Ro Korn und ⅙ Ro Seesalz sein würde, doch auch hier findet der Pharmaceut die vorgeschlagene Dosis [illegible] lich. Fast überall sieht man sich genöthigt an eine grössere Quantität zu denken; und diese Forderung wird neu bestätigt durch das Bier, das gleichfalls recht oft als Bindemittel, und zwar mit dem = [illegible] genommen werden soll. Dass dies neben dem Bier mehr [illegible] ½ Ro bedeutet, scheint sicher belegt zu werden z. B. durch III, [illegible] wo verordnet wird die vorangehenden Droguen mit = ½ Bier [illegible]

59) Bei XLIV, 7, wo ihbu Holz = ½, ⅓ Ro Milch, ¹⁄₃₂ Dr[illegible] Honig und Wasser = ½ verordnet wird, kann das in der Mitte [illegible] am Ende des Receptes sehr wohl dasselbe, ja, wegen des = ⅓ Milch auch ½ Ro bedeuten. Weil das Ganze aber zu kochen ist, empfiehlt es sich wohl auch hier das zweite für die Hälfte eines grösseren Masses anzusehen.

für ½ Wein zu trinken. Hier kann weder bei ⅓ Drachme das gleiche Bindemittel an ½ Ro gedacht werden, der dem mächtigeren zu vermuthen, das dort ⟨ ⟩ ... zu ... gedacht ist. Auch XL, 18 sollen drei je in Drachmen zu mengende Droguen zusammen gelegen und mit süssem Bier, ⟨ ⟩ ... werden. Hier muss ebenfalls die Hälfte eines grösseren Maasses des Ro gemeint sein, wie der Pharmaceut auf den ersten Blick erkennt. Das Hin kommt kaum in Frage, weil es nicht in Drittel zerfällt, während das dnat ⟨ ⟩ wie das Ro mit gleichem Recht in Halbe wie in Drittel getheilt werden kann. Für das dnat ⟨ ⟩ spricht auch die zinnlige Messung des Wassers wie des Bieres als Bindemittel am Schluss der Recepte; denn XLIV finden sich drei solche, in denen allen am Schluss der Droguenreihe ein ganzes dnat Wasser als Bindemittel verordnet wird. Das Gleiche gilt von XLIX, 4 und LXVII, 14. Auch ½ dnat ⟨ ⟩ Wasser und Bier werden oft in Begleitung des ⟨ ⟩ am Schluss des Receptes vorgeschrieben; so sollen XIV, 12—16 4 Substanzen mit ½, ⅓, ¼ und ⅟₁₆ Drachme gewogen werden. Als Bindemittel folgt dann Wasser ⟨ ⟩ + = ¼ dnat. Auf derselben Seite Z. 21 beschliesst wiederum Wasser ⟨ ⟩ + = ¼ dnat die Verordnung. Beim Biere wird, wenn vom Bindemittel ein ganzes oder ⅓ dnat zu nehmen ist, noch seltener unterlassen das Zeichen ⟨ ⟩ zu benutzen und es entweder mit der Bedeutung 1 ganzes dnat allein oder mit dem Werthe ½ dnat ⟨ ⟩ + zu schreiben.

XVII, 14—18 sollen z. B. 2 Pflanzenstoffe zu ⅓ genommen und ihnen dann ein dnat ⟨ ⟩ süssen Bieres beigemischt werden. Die Drittel sind als Ro zu fassen, während von dem Bindemittel Bier sehr viel mehr, 1 dnat verordnet wird. XXII, 13—19 sollen 7 consistente Substanzen gewogen und nur von der Pflanze snut ⟨ ⟩ ¼ und dem ⟨ ⟩ samen ½ Ro genommen werden. Mit 1 dnat ⟨ ⟩ süssen Bieres schliesst endlich das Ganze, das zu kochen ist. XLIII, 9 ff. sollen 15 Stoffe gewogen werden, mitten unter ihnen wird (12) von Wein ½ Ro zu nehmen verordnet, und das ganze siebenzehntheilige Recept schliesst mit dem Bindemittel Bier, wovon ⟨ ⟩ + = ½ dnat vorgeschrieben wird. Bei dem viertheiligen Recept XII, 5—8 tritt ansehnlicher das Binde-

... anderen Drogen ... Kilensmittel zu wägen ... wo Leinsamte mit ... Wasser. So die XXIII, 4, 1; p. 21, XXIV, 11. XXV ... XCVI, 1; CXIII, 8 u. s. w. ... 17, XCII, 9. Wie ... das Mittel ist, und dass man das Bindemittel dasselbe ... der Arzt auch an das dnât ✸ gedacht haben, wenn ... Bindemittel nur ✸ ⚊ ½ zu nehmen befahl. Auch dies ... schreiben würde es verstanden, und dass wir in diesen ... der letzten Drogue des Receptes nur ½ dnât ✸, und nicht ... irgend eines anderen Maasses zu sehen haben, das geht schon ... hervor, dass wir ✸⊹ ziemlich oft, ✸✸ nur ein einziges ... Maass des gebräuchlichsten Bindemittels, des Wassers, finden ... zwar XXIV, 3, wo 3 Mittel mit dem Ro gemessen werden ... einer Quantität von ✸✸ Wasser gekocht werden sollen. Beim ... wird das ✸ nie durch das Zeichen ✸ näher bestimmt, ... müssten wir denn annehmen, dass man von einem Maasse ... man recht oft ¼ nahm, nie ein Halbes verordnet hatte, weil ... uns nicht entschliessen könnten, in ✸ ½ dnât ✸ zu sehen, ... es drängt uns ja Alles dies zu thun, und wir sind überzeugt, ... wo das nackte ✸ hinter dem Bindemittel Bier am Schluss des Re... ceptes steht, es ebensowohl für ½ dnât zu halten sei ... durch das ✸ eine nähere Bestimmung erhalten.

Unentschieden sind wir gegenüber dem Recept XLIV, ... wo hinter ↥ zu wiegenden Pflanzenstoffen von frischem Brei oder ... ✸ ⚊ ✸ ⚊ ½ und 4 dnât ✸ Wasser verordnet wird. Auch hier ist es ... wahrscheinlicher, dass ½ dnât gemeint sei als ½ Ro. Das ✸ hinter ... dem Wasser bezieht sich wohl auch auf das ihm direct vorangehende ... eb ⚏ uf ✸, d. i. frischer Brei oder Teig ½.

So sehen wir denn, dass das ✸ hinter den die einzelnen ... Droguen verschmelzenden Flüssigkeiten in das Dnâtsystem gehört und ... in demselben ½ bedeutet, — während das ⚊, das LXXXIX, 16 gibt ...

[illegible] hinter das Wasser tritt, auf ein besonderes Maass [illegible] [illegible], von dem schon weiter oben (S. 185 (51)) geredet ward. [illegible]

Übrigens kommt ⊂⊃ auch hinter anderen Droguen vor, und [illegible] wir diese in Verbindung mit den sie begleitenden Maassen in's Auge, so finden wir, dass es am Schluss des Receptes ½ Hin, in der Mitte eines solchen gewöhnlich die Hälfte eines Ro bezeichnet. Zuerst begegnet uns das ⊂⊃ hinter dem Honig. Dieser wird, obgleich er neben dem Wasser am allerhäufigsten vorkommt, kein einziges Mal mit dem dnat 𓏏, wohl aber mit dem Hin zu messen verordnet, und so hat man das ⊂⊃, wo es hinter Honig vorkommt, für ½ Hin zu halten. XLVI, 4—5 sollen 6 Substanzen gewogen werden, und als Bindemittel tritt dann Honig ⊂⊃ hinzu, was, wie wir sahen, ½ Hin bedeutet. Mit ihm sollen die vorangehenden Droguen zusammengekocht werden, und dies ist mit ½ Hin Honig ebensowohl möglich wie es mit ¼ Ro oder ½ Drachme desselben Stoffes unmöglich wäre. XXXIII, 4—7 kommt das alleinstehende ⊂⊃ zweimal vor, und zwar, wie es uns scheint mit den beiden oben angegebenen Werthen. Zuerst begegnet es uns Z. 5 in einem Recept zur Kühlung des Afters, in dem vorgeschlagen wird $^1/_{64}$ einer Drachme von einer Pflanze, ⅓ Ro Wein, ⊂⊃ = ½ der Galle eines fetten Rindes, ½ ⅓ = ⅚ Ro str [hieroglyph] d. i. Liege- oder Schlaftrank, vielleicht Opium[70]), und endlich Honig in unbestimmter Menge zu nehmen. Das Ganze soll durchgeseiht und als Klystier verwandt werden. Der Honig ist das Bindemittel, das wohl ziemlich reichlich zu nehmen war; von der Rindsgalle aber soll kaum ½ Hin, was beinahe ¼ Liter ausmachen würde, sondern ½ Ro angewandt werden, zumal ausser der Pflanze jeder andere Theil des Receptes mit dem Ro zu messen ist. Bei der nun folgenden Verordnung XXXIII, 6—7 scheint dagegen das ⊂⊃ ½ Hin zu bedeuten; denn es werden darin vorgeschlagen: Rindergalle ⅙ Ro, abgekochte Milch ½ ⅓ = ⅚ Ro, Honig ⅓ Ro, mâhuë [hieroglyph] flussigkeit[71]) ⊂⊃. Die

70) Ist seter [hieroglyph] der Liege- oder Schlaftrank, das Opium, so hätten wir in diesem Recepte die erste bekannte Opiumeinspritzung.

71) Wahrscheinlich Saft der gleichnamigen Frucht. Im Berl. med. Pap. XVIII, 3 mâhetu [hieroglyph] merh [hieroglyph] in einem Klystierrecept. Pap. Ebers wird das mâhuë [hieroglyph] [illegible] verwandt und scheint der ölige Grundstoff des einzuspritzenden Mittels zu sein.

... und römischen Ärzten gewann, speciell für keine ... ... noch mehr, dem Aegyptern. Ausserdem wird ... ... das $\frac{2}{3}$ des Ro verordnet, und wir gehen damit weg, das ... ... Ro erklärte Masse näher zu bestimmen als in ... ... Bei den zahlreichen Recepten, in denen den Namen ... ... Drogen der Strich | folgt, und die also zu gleichen Theilen zu ... ... lässt sich weder das das $\frac{2}{3}$ noch das Hin $\frac{2}{3}$, die Einheit ... ... die Drachme kommt kaum in Frage, sicher nicht bei ... Mitteln, die zu $\frac{1}{2}$, $\frac{2}{3}$ und $\frac{1}{3}$ genommen werden sollen. Für die zu gleichen Theilen herzustellenden Recepte wären wie das $\frac{2}{3}$ so Hin ... viel zu gross, und neben ihnen muss unbedingt ein sehr viel kleineres Hohlmaass verwandt worden sein, das nach dem Duodecimalsystem und mit Vorliebe in Drittel zertheilt ward. Dies konnte sich nie und nimmer auf das Drachmengewicht beziehen, weil dies eben nur in Brüche zerfällt, deren Zähler 1 ist und deren Nenner Potenzen von 2 sind. So wird wohl das Ro, dessen Name ebensowenig genannt wird wie der des Drachmengewichtes, denjenigen Werth erhalten dürfen, den wir ihm nach Berücksichtigung seines Vorkommens an allen Stellen des Papyrus zertheilt haben.

Bei der nun folgenden Umschrift und Übersetzung des den Augenkrankheiten gewidmeten Kapitels werden wir uns der folgenden Abkürzungen bedienen:

Die Drachme = D.
Das Hin = H.
Das Hnu = H.
Das Dual =
Das Ro = R.

Wo wir keine sichere Deutung für die Namen der vorgeschlagenen Medicamente gefunden, wird sie ein ? begleiten. Eine ihnen gewidmete, nächstens von uns zu veröffentlichende monographische Arbeit wird hoffentlich manches zu relativer Gewissheit erhoben, was wir jetzt noch nicht zu bestimmen wagten.

Berichtigung. S. 142 Z. 6 von oben lies: H. L. nicht H. R.

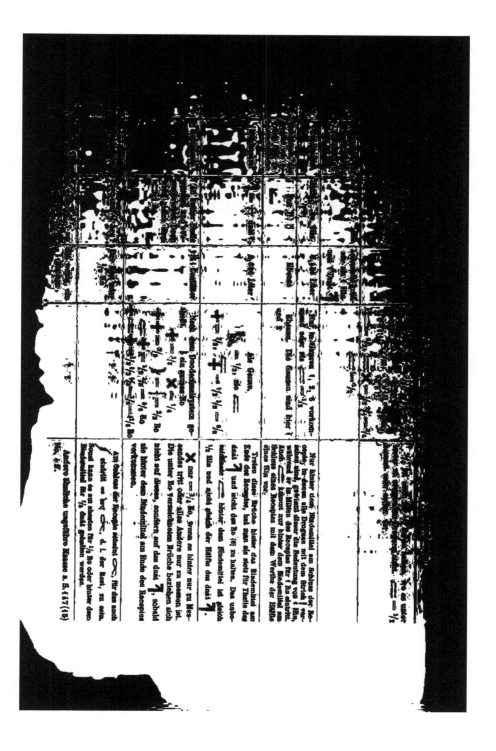

PAPYRUS EBERS.

DIE MAASSE
UND DAS KAPITEL ÜBER DIE AUGENKRANKHEITEN

VON

GEORG EBERS
MITGLIED DER KÖNIGL. SÄCHS. GESELLSCHAFT DER WISSENSCHAFTEN.

———

ZWEITER THEIL.
DAS KAPITEL ÜBER DIE AUGENKRANKHEITEN.
UMSCHRIFT, ÜBERSETZUNG UND COMMENTAR.

II. DAS KAPITEL ÜBER DIE AUGEN-
KRANKHEITEN

Papyrus Ebers LV, 20—LXIV, 13.

Umschrift, Übersetzung und Commentar.

———

LV, 20. *Kt:* *ḥá* *m dmt* 🐍 *nt mrtĕ* 👁. *árt*
Ein anderes: Anfang vom Buche von den Augen. Mittel
r *rdt* 𓂀
gegen das Wachsen

21. *nt* *uχdu* ◯) *m snf* 🐟 *m mrt* 👁
des Krankhaften im Blute in dem Auge:

21. *se* 𓎛 ◯ *qmá* ◯ 2) | Ro
Eine Art Natron (des Südens).

áft ◯ | Hin? Ro?
Honig.

LVI, 1. *tpnn* 3) | Ro
Kümmel

nḥd ⟋ 4) | Ro 5)
Zahnkörner. Eine Weihrauchart.

———

Die vorgeschlagenen Medicamente stehen im Texte des Papyrus nebeneinander,
doch setzen wir sie, der Übersichtlichkeit zu gefallen, unter einander. Die römischen Zahlen LV ff. deuten auf die Tafeln unserer Ausgabe, d. s. die mit Seiten-
zahlen versehenen Seiten des Papyrus, die arabischen Zahlen auf die 1 bis höchstens 23 Zeilen jeder Seite der Handschrift.

1) ◯ wahrscheinlich *uχdu* zu umschreiben. Dies Wort bedeutet gewöhnlich
die Schmerzen, doch ist es auch als das Schmerzliche, Krankhafte im Allgemeinen
zu fassen.

2) Den Körnern oder Samen des (Südens) *qmá* stehen die *se* des Nordlandes
(*ádḥu*) gegenüber. LVI, 2 LIX, 5. Beide sind eher für Natronarten als für Pflanzensamen (STERN) zu betrachten. S. S. 226 (94) Anm. 12.

3) U. Aeg. ⲟⲁⲙⲉⲛ, Mascul., O. Aeg. ⲧⲁⲙⲛ cuminum.

4) Vielleicht vom aegyptischen Zahnbaum, balanites aegyptiaca? Jedenfalls

LVI, 1. *stuχ mu* ～～～ *s*

Behandeln das Wasser darin (im Auge). **Hydrophthalmos?**

ntr sntr $\overset{\circ}{|||}$ | Ro

Weihrauch

ánté $\overset{\circ}{|||}$ | Ro

Myrrhen

tntm $\overset{\circ}{|||}$ [6]) | Ro

tntmsamen oder Beeren?

2. *χnté* $\overset{\circ}{|||}$ [7]) | Ro [5])

grüne Bleierde.

»Hydrophthalmos« geht häufig dem Staphylom voran, welches nun folgt.

---

nach den von DÜMICHEN mitgetheilten Räucherungsrecepten ein wohlriechender Stoff. Näheres zu LXI, 1.

5) Alle 4 Droguen scheinen mit dem Ro zu messen. Der Honig ist das Bindemittel, steht aber in ungewöhnlicher Weise an zweiter Stelle. Da die Medicamente 1, 3 und 4 zu je 1 Ro zu nehmen sind, und wir es also mit einem der häufigen dreitheiligen Recepte zu thun haben, soll | hinter dem Bindemittel Honig vielleicht doch ein grösseres Mass bedeuten als 1 Ro; aber es darf nicht für 1 *dnát* ❱, sondern höchstens für 1 *Hin* gehalten werden. Siehe Abth. I S. 191 (59).

6) *tntm* $\overset{\circ}{|||}$, auch 🦅～～～$\overset{\circ}{|||}$ *ímtn* geschrieben. Es kommen davon XLVIII, 13 auch *pert* Samen oder Beeren vor.

7) So mit Grund von BRUGSCH erklärt. II. Wörterb. Suppl. II S. 948. Zum Malen benutzte farbige Erde aus dem Lande ⳥ *χnt*. In einer lehrreichen Abhandlung über das Silberzeichen ☽ *ss* Zeitschr. für aeg. Spr. und Alterthumskunde 1880 S. 6 und 7 stellt BRUGSCH schon der grünen *χnté*-Farbenerde den rothen Mennig *mnś* $\overset{\circ}{\circ}$ gegenüber und LXXXIII, 7 des Pap. sind die zusammen genannten Gruppen *mnś-t* $\overset{\circ}{|||}$ und *χntt* $\overset{\circ}{\circ}$ in der That sehr wohl zu denken als rothe Mennige und (grüne) *χntt*-Erde. Auch im grossen Pap. Harris wird unser Mineral mit anderen Farben und deren Bestandtheilen, wie *mnś* $\overset{\circ}{\circ}$ und das Bindemittel der Farben *qmy* $\overset{\circ}{\circ\circ}$ Gummi zusammen genannt. Harris I, LXV. Wie bekannt gehört der Mennig zu den Bleioxyden. Das *χnté* $\overset{\circ}{|||}$ möchten wir für die Art des Bleiweisserzes halten, die PHILIPPS earthy carbonate of lead und WERNER Bleierde nennt. Sie kommt als pulverige oder erdige Masse vor und sieht grau, braun, aber auch grün aus.

8) In diesem Recept werden nur die wirksamen Droguen genannt. Die Wahl des Bindemittels wird dem Arzte überlassen.

LVI. 3. *sin̄x rdt*

Behandeln der Krankheit des Wachseus (*rdt 3*) (vielleicht des Staphyloms?)[9]

se ǁǁ *dāhu* ǁǁ   1 Ro

Unteraegyptische Natronart. (s. z. LVII, 3. S. 76, A. 13.)

maā ǁǁ   1 Ro

Mennigerde. Roth.[10]

uešu ǁǁ   1 Ro

Kieselkupfersalbe?[11]

---

9) Herr Dr. Schneider in Leipzig wie Herr Dr. Schmidt in Wiesbaden, der sich stets bereit zeigte, mich mit werthvollem Rathe aufs Wirksamste zu unterstützen, meinten beide, dass es möglich sei, in dem krankhaften Wachsen oder der Wachskrankheit des Auges das Staphylom zu erkennen, bei dem sich die Hornhaut ausbuchtet und also scheinbar wächst. Hirschberg, Wörterbuch der Augenheilkunde, übersetzt das Staphylom (σταφύλωμα) zutreffend »Beerengeschwulst«. Celsus VII, 7, 11 sagt: »Im Auge selbst wächst bisweilen die oberste Haut empor (attollitur), indem entweder im Innern einige Häute reissen oder sich ausdehnen. Dadurch entsteht ein Bild, das dem einer Weinbeere gleicht, woher die Griechen dies auch σταφύλωμα heissen«. Nach Hirschberg bedeutet es uns nur Hervorwölbung oder Wulst, und die aegyptischen Ärzte, die dergleichen entstehen sahen, konnten es leicht das krankhafte Wachsen nennen. Das attollitur des Celsus zeigt, dass auch ihm das Emporwachsen charakteristisch schien.

10) In der rothen Farbe, mit der die aegyptischen Schreiber die Satzanfänge herstellten, während sie sich für den fortlaufenden Text schwarzer Tinte bedienten, hat die chemische Analyse des Dr. Chrisman Mennig gefunden. Solcher blieb auch in den Vertiefungen auf einigen Schreiberpaletten erhalten. Ein Bleioxyd, vorkommend auf Cerussit und Bleiglanzkrystallen.

11) *uešu* ǁǁ Es ist mit dieser Substanz grün zu malen, zu schreiben und das Auge zu schminken. Sie wird auch *ueš* oder *ueš* geschrieben. Leps. Denkm. findet sich II, 91 e die Variante *ueš* welche *ueš* sie für das Auge bestimmt bezeichnet. Weiter unten in unserem Papyrus LI, 17 und 12 werden wir *uešu* ǁǁ als eine jener vorzüglichen Drogen kennen lernen, die man als Ausflüsse aus dem Auge des Horus bezeichnete. Sie muss grün gewesen sein; denn es heisst dort: komm, komm *uešu*, komm grüne etc. Ihr Name bezeichnet auch grün und die grüne Farbe, wie das dem alten und entsprechende koptische ογωτ grün, ογοτογετ Infin. und substantivisch das Grün. Parthey's αγγεη ist fraglich. *mit* ᚖ oder determinirt, ist das für die Bekleidung der Gräberbilder bestimmte heilige grüne Zeug. LIX, 16 kommt *ueš* in der

Darauf sollst Du für ihn bereiten;

Öl

das Vordere und Hintere? des Wachses

man Schminke?

intimerrecht Verbindung ... Grünstheile des ... Es gilt nun, unter den Mineralien nach grünen Kupferverbindungen ... zu suchen, welche unserem *wtu* entsprechen könnten. Es gibt deren ... unser hoher College, der treffliche Mineralog Professor F. Zirkel, und ... recht viele, auch abgesehen von dem Grünspan, der nicht als Mineral ... Nicht in den Händen der Alten befanden sich wohl Phosphorchalcit, ... Tagilit, die wasserhaltigen arsensauren Kupfer Olivenit, Euchroit, Strahlerz, ... wasserhaltige schwefelsaure Kupfer Brochantit und das wasserhaltige ... Kalkkupfer Volbarthit, die übrigens allesammt grün sind. Im Alterthum ... waren Malachit, d. i. basisches kohlensaures Kupfer und wasserhaltiges kiesel... saures Kupfer. Auch dies war grün, und es scheint als könne unter *wtu* ... kaum etwas anderes gemeint sein. An Malachit oder Grünspan ist kaum zu denken; denn dieses wird zwar häufig erwähnt, und es haben sich auch einige wenige kleine Alterthümer aus diesem Mineral erhalten (z. B. eine Plättstatuette in Berlin), doch wechselt sein Name *mafekt* nie mit unserem *wtu*, obgleich dies auch ... das grüne bedeutet. Grünspan fand sich in Gräbern, doch brauchte er gewiss nicht aus der Fremde importiert zu werden. Adjectivisch dient *wtu* zur Bezeichnung der grünen Farbe des Meeres, der Seen und von Bildwerken, an denen sich noch die grüne Farbe erhielt. Auf der Sinaihalbinsel befanden sich die Minen, aus denen die Aegypter den Malachit, der ihnen auch oft als Tribut asiatischer Völker zu-gebracht wurde, und das *wtu*-Mineral bezogen; denn dies (determiniert mit ... und dadurch als Stein bezeichnet), wird als Produkt der Landschaft *Bx*, d. i. des petraïschen Arabiens und später auch Persiens genannt. Das wasserhaltige kiesel-saure Kupfer konnte dieselbe Heimat haben, war grün und entspricht den Be-dingungen, die wir an das *wtu* zu stellen haben. So halten wir uns denn für be-rechtigt, es Kieselkupfer, d. i. wasserhaltiges kieselsaures Kupfer zu benennen, wenn auch der kritischen Vorsicht halber mit dem ?.

12) LXV, 3—4 ... *mafn* ... i. d. Pyram.-Texten:

ẖníw tš wér ʿntíw |||	1 Ro
Amlese[?] vom Weihrauche	
ẖníw |||	1 Ro
grüne Bleierde	
ẖm n tš ẖt ... ône |||	1 Ro
Das schwarze hinter arab. Holzpulver?	
5. *ntr sntr* |||	1 Ro
Weihrauchkörner	
mrẖt st |||	1 Ro
Gänseschmalz	
phwé se ẖníw |||	1 Ro
Bodensatz[15], der hinter grüner Bleierde zurückbleibt	
msdmt |||	1 Ro
Stibium, Antimon	
mrẖt |||	1 Hin als Binde-
Öl	mittel

---

(13) ... *ẖtt* eigentlich das Vorderste, das Hervorragende, Vorzüg-
lichste.

(14) ... *ône* ... kann schon wegen des ... kaum etwas
anderes als fauliges Holz bedeuten. Holz in zerreibbarem Zustand muss es jedenfalls sein. Mehrfach soll es nämlich mit harten Substanzen zusammen ein Mittel
bilden, das nur verständlich wird, wenn man *ẖt ône* für eine bindende Substanz hält,
z. B. LXIV, 3 und 4, wo Opalharz (pulverisiert), Stibium und *ẖt ône* verordnet
werden, um das Auge damit zu salben. *ẖt ône* soll hier mit harten Stoßen die
Salbe bilden. Es muss also in feuchtem oder zerriebenem Zustande gedacht sein und
sich auf eine importierte Holzart beziehen, die als Pulver nach Aegypten kam; denn
zu Edfu (Dümichen, Hist. Inschr. II, 1.) kommt es mit *snw* ||| aus Südarabien [Punt
und Te atr]. »Hinter« ist wohl das Zurückbleibende, der Bodensatz.

(15) Für die Übersetzung des ... *phwé* = Bodensatz spricht die Stelle
XCVII, 16—18, wo es heisst: Wenn Du untersuchst eine Frau das zu ihr Ge-
bärende und es fallen davon Dinge wie Wasser, und der Bodensatz, der dazu
gehört ... ist wie gebackenes Blut ... auf ...
so sage Du Dir wegen dessen: Es ist die ... *ẖt r* Krankheit
an ihrer Vulva.

Schon in der XII. Dyn. sehen wir meist (thpt meiner ...) ... von Semiten nach Aegypten einführen. In der XVIII. Dyn. wird es unter den Drogen erwähnt, welche die Flotte der Hatepsu aus Punt (die Arabia Felix oder Somaliküste) nach Aegypten brachte. Dümichen, Flotte einer aeg. Königin, p. 2. Es ward zur Salbe verwendet und in der sprachlichen Form ⌂ 〰 ᐧᐧᐧ ᐧᐧᐧ ᐧᐧᐧ diente es in der Zeit der Niederschrift unseres Pap. (XVIII. Dyn.) zur Bezeichnung von Salbe und salben überhaupt. Später brauchte man dann das gleiche Wort, da sich in den meisten Salben Stibium befand, zur Bezeichnung dieses Minerales, das auf koptisch S. ϲⲧⲏⲙ; R. ϲⲧⲏⲙ heisst und dem stimmi oder stibi entspricht, das nach Plinius, hist. nat. 33, 101 nebst alabastrum und larbasis der aeg. Name für Antimon war. Das griechische στίμμις ward auch von Eustathius zur Odyssee als aeg. Wort bezeichnet καὶ τὴν μέλαιναν στίμμιν ὀμματογράφον, auch das schwarze augenfärbende Stimmis. Nach Plinius ist es eine Art von Spiessglas, das gebrannt oder gedörrt pulverisirt wird, um die Augenränder damit zu schwärzen. Über diese Färbung s. Virchow's »Altaegyptische Augenschwärze«. Verhandlungen der Berl. Gesellsch. für Anthropologie, Ethnologie etc. 26. Mai 1888 und später meine Bemerkungen l. l. 1889, S. 574 ff. Bei Dioscorides v. 99 ed. Kuhn, werden alle Eigenschaften dieses Metalles aufgezählt, das στίμμι genannt wird. Man nannte es auch πλατυόφθαλμον, λάρβασον, γυναικεῖον, das weibliche und χαλκηδόνιον[17b]. Unter anderem diente es dazu, Unreinheiten und Schwären oder Schäden (ἕλκος = ulcus) zu beseitigen und um die Augen zu reinigen. »Im Ganzen ist seine Wirkung ähnlich dem gebrannten Blei.« Diese Notiz ist wichtig; denn in der That scheint man in Aegypten, wo das Stibium oder Antimon schwer zu erlangen war, sich eine gute Augenschwärze verschafft zu haben, indem man Kohle mit schwefelsaurem Blei glühte. Es sind nämlich zu Aymim in Oberaegypten bei einigen Mumien kleine Säckchen mit Augenschwärze gefunden worden; diese, ein feines Pulver, hatte der berühmte Nachfolger Liszte's, Prof. von Bayer in München, die Güte für uns zu analysieren. Seine Mit-

---

[17b] Wie öfters, die weibliche; so erwähnt und beschreibt Plinius die »Männchen« (mas) und »Weibchen« (femina) genannten Stibiumsorten.

... fragt aldrmore. Will ... Diese Substanz findet sich in der ... aber nicht, ob dies Mineral in Aeg... man es auch künstlich bereitet ... kannten, gibt beim Erhitzen an der Luft ... löst sich in Essig auf, und aus Zusatz ... dann schwefelsaures Blei als Niederschlag ... von Blei und Eisen machen es aber wahrscheinlich ... Mineral Bleivitriol zur Bereitung gedient hat. Von ... keine Spur.+ Magnesia, dies sei hierzu bemerkt, ... in Aegypten. Im Leydener gnostischen Papyrus, vers. II. ... erwähnt und bemerkt, dass sie dem ster (Stibium) ... wenn man es zerstösse, schwarz werde. Die A... ... von Aegypten und anderer erhaltener Angaben ... einiger Proben aus Berlin und Turin ergab gar ... lässt sich annehmen, dass man sich gewöhnlich dieser ... bediente, welches man erhielt, indem man Kohle mit ... reinem Blei glühte. Das wird das falsche Medut ... welches neben dem achten »mest« gebraucht worden ... No. LVIII, 18 und LIX, 6 verordnet wird. Es findet sich ... der indischen medicinischen Litteratur oft erwähnt.

... kst drt' r bjn ⸗ 7. m mrt ⸗ hru ⊙ tpi
Andere Mittel gegen die Verschleierung") im Auge
ersten Tage. Irritische Affection, Infiltration,
Hornhaut, beginnende Kataraktbildung oder dergl.

---

11) Verschleierung, eigentlich Verhüllung, Bedeckung, auch determinirt ... den ... stehnt. Man im Verstecke, der stets auf Verborgenes und Verdeck... ... Eine irritische Affection ist hier sehr wahrscheinlich gemeint, weil in ... Verbindung mit für vom Stareintritt die Rede ist, so LVII, 6—8.

7. *mu nu* 🐟 ⚊| *sš* ⚊| | Hin
Sumpfwasser

7. *snnu* || *hru*
am zweiten Tage
aft |ö|| | Ro
Honig
msdmt ᵒ||| | R.
Stibium

8. *r hru úa* | | R.
auf einen Tag.

ár snf 𓎛||| — *s*
wenn es blutig ist
aft ᵒ||| | R.
Honig
msdmt ᵒ||| | R.
Stibium
ut 🖐 *ḥr-s r hru snnu* ||.   *ár χr*
Umschläge damit machen auf zwei Tage.   Wenn aber

9. *he* ⋏ *mu* 〰 *ám-s ás ár án-χ nes spu* ᵒ|||
fällt Wasser daraus häufig, so bereite dagegen die Mittel
n 'afs 🌀
der *'afs* 🌀 Krankheit[19) (mouches volantes?)
áeu ᵒ||| | Ro

---

19) Brugsch bezieht den Namen der Krankheit *áfs* 🌀 auf eine Wurzel *áfn*,
áfnt, der allerdings die Bedeutung von Umdrehen, zusammendrehen innewohnt,
und möchte *áfs* 🌀 für das krankhafte Verdrehen der Augen halten. Das Auge
mrt 👁 ist Femininum, und so könnte, da ⚊◻ 🐝, koptisch ⲁϥ und ⲁⲃ, die
Fliege und Biene, das Wort *áfs* für *áf-s* seine, des Auges, Fliege und
für die Krankheit gehalten werden, welche die Franzosen bezeichnend die »mouche
volante« nennen. Im Deutschen ist dafür das Wort »Mückensehen« vorhanden.
Die Alten kannten sie wohl und bezeichneten sie ähnlich; die Griechen κωνώπια
περιφερόμενα, die Römer muscae volitantes.

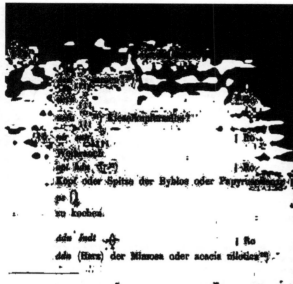

Kopf oder Spitze der Byblos oder Papyrusstaude

zu kochen.

ȧdu ĭndt — Ro

ȧdu (Harz) der Mimosa oder acacia nilotica[²¹]

---

²²) Samen des *ȧeu* Krautes, das auch *ȧet* geschrieben wird und gekocht und gedörrt werden soll.

²³) S. Ȧem. 11 zu LVI, 2.

²²) In einem geistreichen Artikel (Wörterb. Suppl. II S. 766—71) zeigt H. Brugsch, dass man in der *ȧdu* (auch *ȧm* Pflanze kaum etwas anderes sehen könne als die Byblos oder Papyrusstaude. Unter dem Kopf oder der Spitze derselben, die gekocht werden soll, hat man entweder an den Büschel zu denken, den Strabo XVII, 1, 799 *χαίτην* nennt, indem er die Papyrusstaude treffend also beschreibt: *ψιλὴ ῥάβδος, ἐπ᾽ ἄκρῳ ἔχουσα χαίτην* — ein kahler Stab mit einem Büschel an der Spitze, die dem *ȧpt* des Pap. entsprechen würde, oder die Frucht. Herod. II, 92 gedenkt auch des oberen Theiles des Byblos oder Papyrus, den man zu irgend einem Gebrauche abschneidet. Am besten schmeckt nach ihm die Byblos in geheiztem Ofen gedörrt. S. auch Diodor I, 34. Dioscorides nennt ihn unter den officinellen Pflanzen und widmet ihm ein ganzes Kapitel. I, 4 S. 12. Die Wurzel lobt er besonders und bemerkt, dass der *κύπειρος* (Byblos, Papyrus) gebraucht werde, um die Salben zu verdichten. Dies mag auch in unserem Recept die Aufgabe der *ȧun*spitzen gewesen sein. Auch Galen lobt die Heilkraft dieser Pflanze. De facult. simpl. 7 p. 54. Lucian de Syria dea § 7 erwähnt die *κεφαλαὶ βυβλίνην*, die alljährlich von Aegypten nach Byblos versetzt ward.

²³) Die Bedeutung des Baumes *ȧndt* steht fest; denn sein Name hat sich in dem koptischen S. ϣⲟⲛⲧⲉ, B. ϣⲟⲛⲧ wohl erhalten. Es ist der Santbaum der Araber, welchen Dioscorides I, 133 S. 127 *Ἀκακία* nennt. Als Heimat desselben bezeichnet er Aegypten und erwähnt, dass aus diesem Dornbaum ein Gummi (*κόμμι*) hervorgehe. Dieser soll nach ihm eine adstringierende und abkühlende Wirkung haben. Dann folgt eine Angabe, die uns zur Bestimmung der fraglichen

Schmink

Kiesel Kupfersalbe?

Zwiebeln?

Wasser

zerreiben und in das Innere des Auges thut.

Gruppe ȧḏw zu führen scheint. Das Wort ȧḏw. Dioscorides bezeichnet, der Saft oder Gummi der Nilakacie sei passend für Augenleiden, Bothlauf (?) Ἀμυγναλος, Ausschläge, Geschwüre, Frostbeulen, das Pterygium oder Flügelfell im Auge und Schwären am Munde. Auch bringt er die Prostosie der Augen in Ordnung, die wir wohl für unser Exophthalmus halten dürfen, wenn sie nicht den prolapsus iridis oder gar unser hier bezeichnete Staphylom sein soll. Da nun Dioscorides mit der aegyptischen Medicin wohl vertraut war, und wir bei ihm das Harz der Nilakacie ähnlich angewandt finden wie im Papyrus das ȧḏw des ȧndt, so möchten wir dies für das Harz des genannten Baumes halten. Der Papyros spricht von Pulver des ȧḏw der Nilakacie XCII, 10 und charakterisiert XXI, ? die ganze Gruppe ȧḏw ȧndt ⊖ o durch das Kügelchen o als eine Substanz, die man in Körnern oder Stückchen verwandte; der getrocknete Harzsaft des Gummibaumes sieht aber unserem Gummi arabicum ganz ähnlich, und das Wort qmyt (Gummi) wird stets mit dem o determiniert. XXIV, 15 soll ȧḏw des Frucht...

...verwandt werden. Dieser kommt im Grabe des Ȧmni zu Abd el-Qurna, wo alle Bäume bei Namen genannt werden, die der Besitzer der Gruft in seinem Garten gepflegt hatte ebenso vor wie der ȧndt ⊖ oder Santhbaum, der Nebsbaum, den wir für den nordafrikanischen Brustbeerenbaum, Lotos, Wegdorn oder Zizyphus, halten, der ȧrw-Baum oder die Terebinthe (pistacia terebinthus?) XXIV, 15; der ȧḫt-Baum oder die Sykomore XLIII, 13 und der ȧm-...baum LXXXIII, 3. An dieser Stelle wird hintereinander verordnet ȧḏw des Sinnbaumes, des Nebsbaumes?, des ȧm-Baumes?, von dem aber sicher eine Flüssigkeit, sei es Saft, Öl oder Harz gewonnen ward, die Pap. Eb. an vielen Stellen ȧḏw geschrieben wird. Etwas in grossen Dosen zu nehmendes war das ȧḏw wohl nicht; denn das Sykomoren-ȧḏw wird XLIII, 13 zu ¹/₃₂ Drachme, das Nilakacien (Santbaum) ȧḏw nur zu ¹/₆₄ Drachme zu nehmen verordnet. XXXIV, 9. Auch dies würde aber auf das Harz als auf die Körner deuten, da dies als ursprünglich

[...] dagegen spricht [...] die Zwiebel [...] weil die zahlreichen Bilder auf den Denkmälern und [...] verschiedener Art — man denke nur an IV. Mos. 11, 5 — an Orten in der Wüste nach כרתי d. s. Zwiebeln verlangen — eine sehr viel gebrauchte Frucht war und so und der [...] war, im ganzen Papyrus kein anderes häufig verordnetes Mittel finden, das wir für die Zwiebel halten möchten. In der [...] das Zeichen für Erbsen hält, möchten wir den in Aegypten sehr häufigen Knoblauch sehen. Plutarchs Behauptung, die aegyptischen Priester hätten die Zwiebel verschmäht, weil sie zum Durste reize, muss auf einem Missverständniss beruhen, denn dazu sieht man sie zu oft als verehrtes Gemüse auf den Altären liegen. In Hehn's lehrreichem Werke »Kulturpflanzen und Hausthiere« S. 327 ff. wird die Einführung der Citrone in Europa zu spät gesetzt; denn Hehn la Zürich fand Citronenkerne schon in frühen etruskischen Gräbern. In Aegypten war sie wohl zeitig bekannt; und unter den von Thutmes III. (18. Dyn., zu Karnak dargestellten Pflanzen und Früchten (Mariette T. XXX) ist die eine wohl unsere Citrone. Theophrast's aus der Zeit Alexanders stammende Beschreibung des medischen oder persischen Apfels IV, 4, 2 ist bekannt. Vergil, Georgica III, 126, nennt ihn felix. — Jedenfalls gehört die Citrone schon zu den von Dioscorides (1. Jahrh. n. Chr.) vorgeschlagenen Heilmitteln. Er nennt sie μηλέον soil. μῆλον, κεδρόμηλον und auf lateinisch citreum (citria) und setzt ihre allgemeine Bekanntschaft voraus. Seine Beschreibung lässt keinen Zweifel zu, dass die Citrone gemeint sei. Freilich schreibt er ihr weit geringere Heilkraft zu als der Zwiebel. Mit Wein genommen soll sie den Giften entgegen wirken und abführen; gekocht dem Munde angenehmen Athem geben und am häufigsten von den Frauen gegen Appetitlosigkeit und Ekel gebraucht werden (προς τὰς κύησις). Endlich soll sie die Kleider vor dem Zerfressenwerden schützen, wenn man sie zu ihnen in die Kiste legt. Das ist Alles, wogegen wir von Dioscorides die Zwiebel in einer Weise anwenden sehen, die für sich genügte, um zu zeigen, dass ihm die aegyptische Therapie, ja vielleicht ein unserem Papyrus ähnliches Werk wohl bekannt war. Sehen wir nun zu, in welchen Verbindungen die [...] Frucht in unserer Handschrift vorkommt, in welchen Fällen

Besprechend den Gebrauch des Zwiebel bei Dioscorides in
... XXX, 13, wo für den Masidarn 4 ä. Zwiebeln mit einem, nieder-
geschlagenen Bier verwandt werden sollen. Man thue, heisst es, den in
... des ... Geläss, schliesse es ab gegen das Verderben, wende es
an, wenn es den Niederschlag machte, gebrauche es in jeder Jahreszeit als Medicin und lasse davon täglich 1 His trinken. LXIX, 6—9,
der ausser Zwiebeln auch die ... der Zwiebel verordnet werden,
und sie ein Mittel gegen das Grauwerden des Krebses; diese
... aber dürfen wir wohl rohe Schalen übersetzen; ist doch die
Wurzel ... bekannt genug, die (wir weisen auf ...), umwickeln, ein-
hüllen bedeutet. Der aeg. Name der Oase ... ist zwar
... mit dem kopt. ... zusammengebracht worden, aber auch
das arabische ... die Oase bedeutet ursprünglich das von der Wüste
Umhüllte. XXVII, 20 soll ... d. i. das innere oder
von der Schale befreite Fleisch der Zwiebel angewandt werden; aus-
dem aber Pulver der (getrockneten) Zwiebel, und von der Meerzwiebel
bildet das Pulver einen Bestandtheil des Electuarium theriacale.
Fraeur, med. pharmac. Botanik. Krl. 1843. S. 703. XLIII, 16 soll
wieder gegen Verstopfung und »das Blutfressen?« am os ventriculi
entweder eine Paste von Sykomorenfeigen oder Zwiebeln von der
Oase genommen werden. Auf den Oasen der libyschen Wüste
werden noch heute vorzügliche Zwiebeln gezogen, und die Oasen-
zwiebeln scheinen im Alterthum, wie die von Ascalon; besonders
geschätzt worden zu sein. LXXXVI, 10 soll gegen übelen Geruch
am Leibe eines Mannes oder einer Frau eine Salbe von ...
... d. a. gestossenen, gestampften Zwiebeln, bereitet
werden, um den Leib damit einzureiben. Wir übersetzten die ...
... Geruch« weil das kopt. ..., ...

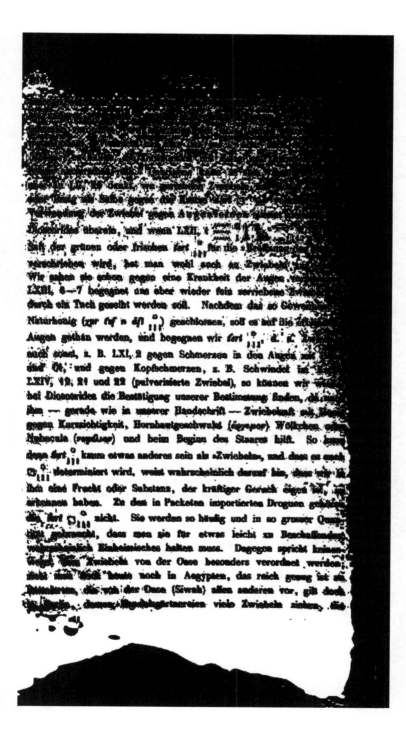

... Behandlung der Zwiebel gegen Augenleiden ...
Dioscorides überein, und wenn LXII, ...
daß der grünen oder frischen Art ... für die ...
verschrieben wird, hat man wohl auch an Zwiebeln ...
Wir sahen sie schon gegen eine Krankheit der Augen ...
LXIII, 5—7 begegnet uns aber wieder fein zerriebene Zwiebel ...
durch ein Tuch geseiht werden soll. Nachdem das so Gewonnene ...
Naturhonig ... geschlossen, soll es auf die ...
Augen gethan werden, und begegnen wir ... d. h. ...
auch sonst, z. B. LXI, 2 gegen Schmerzen in den Augen mit ...
das Öl, und gegen Kopfschmerzen, z. B. Schwindel in ...
LXIV, 12, 21 und 22 (pulverisierte Zwiebel), so können wir ...
bei Dioscorides die Bestätigung unserer Bestimmung finden, da ...
ihm — gerade wie in unserer Handschrift — Zwiebelsaft auch ...
gegen Kurzsichtigkeit, Hornhautgeschwulst (ἄργεμον) Wölkchen, oder
Nubecula (νεφέλιον) und beim Beginn des Staares hilft. So kann
denn ... kaum etwas anderes sein als »Zwiebel«, und dass es auch
... determiniert wird, weist wahrscheinlich darauf hin, dass wir in
ihm eine Frucht oder Substanz, der kräftiger Geruch eigen ist, zu
erkennen haben. Zu den in Packeten importierten Drogen gehörte
die ... nicht. Sie werden so häufig und in so grosser Quantität gebraucht, dass man sie für etwas leicht zu Beschaffendes,
wahrscheinlich Einheimisches halten muss. Dagegen spricht keineswegs, dass Zwiebeln von der Oase besonders verordnet werden;
noch ... heute noch in Aegypten, das reich genug ist an
Datteln ... die von der Oase (Siwah) allen anderen vor, gilt doch
... dass ... Angehörigstaurien viele Zwiebeln ziehen, die ...

... jedenfalls weiblich ...

Kurz, doch entschieden zurückweisen wollen, wir zum Schluss unseres Loret's Vorschlag, die hieratische Gruppe, die wir ... umschreiben ... zu transscribieren und dann ... *mrr B.*, d. i. dem Ölbaum gleichzusetzen. Die Umschrift, welche diese Identifizierung ermöglicht, ist aber ganz unhaltbar, da das Hieratische des Pap. Eb. zwar $\frown = t$ und $\frown = r$ zum Verwechseln ähnlich zeigt, zwischen $\frown = r$ und $\frown = d$ aber deutlich unterscheidet. In einem einzelnen Falle wäre eine Verwechselung von r und d vielleicht möglich, doch lässt sich an solchen garnicht halten gegenüber den weit über hundert Fällen, in denen ... verschieden determ. in unserer Handschrift verwandt wird. Aber es begegnet uns auch anderwärts, und überall hat das $\frown$ genau das Aussehen wie im Pap. Eb. Herr Loret weiss auch kein einziges Beispiel anzuführen, in dem ... geschrieben würde. Wie aus äusseren graphischen, so ist auch aus inneren, sachlichen Gründen dieser Einfall ganz zu verwerfen. Des Fragment ? im Londoner med. Pap. (f. 8), welches ... erwähnt, soll H. Loret's zweite Vermuthung einigen ... aber ein Mineral sei als eine Pflanze. Doch von welchem Mineral könnte wohl Saft in reichlicher Menge vorgeschlagen

geyt ◯

hartes Korn (des Korns oder Knochenkernes?)

tet 𓏲

Zwiebeln?

geyt 𓎡 mht

Cyperus (Papyrus-Staude) des Nordens 𓎡?

nef-w ◯

Kieselkupfersalbe.

13. geyt ◯ nt gar 𓎡

Excremente der Gazelle[26])

ámd u gedyt 𓎡

Eingeweide des Säugethieres gedyt 𓎡?

nrht 𓏤

klares Öl.

---

26) geyt ◯, kopt. ... eigentlich der Knochen, wird von dem harten Kern einer Frucht gebraucht (Peyron) und wohl auch hier vom harten Kern eines Minerals. Bei Augenmitteln ist geyt ◯ wahrscheinlich der Kern oder harte Stück von Peyron, d. h. der die gebräuchlichsten Mittel enthält.

27) ... geyt 𓎡 mht oder des Nordens wohl der kopt. ... cyperus. Eine Papyrusart aus dem Norden zu finden, konnte von vornherein erwartet werden; da die besten Arten dieser Pflanze an den Weinaeckern des Delta gediehen. Die vorzüglichsten waren die Sebennytis, Tanitica, Saitica etc. genannten, die alle im Delta gezogen werden. Freilich fragt es sich, ob unsere ... geyt ... cyperus richtig ist; denn ... ist nur durch eine Stelle belegt. Ausserdem ist geyt ein Femininum und ... männlichen Geschlechts. So muss denn auch hinter Cyperus ein ? stehen.

28) ... daraus, dann antilope arabica. Es darf uns nicht wundern, Thierexcremente sogar gegen Augenleiden angewandt zu sehen. Noch im Mittelalter wurden Excremente von den Ärzten verordnet. Die die ... genannte Schrift ist bekannt genug, und auch Dioscorides rechnet II, ... im Kapitel ... unter anderen Arten des Kothes den der Bergziegen zu den Medikamenten. In Essig oder Wein gekocht soll man solchen gegen den Schlangenbiss, Geschwüre und Erysipelas auflegen, und diese Leiden, als Rose, kommt auch als Venenthzombana der Netzhaut des Auges vor. Auch der Geierkoth, der LIX, 11 erwähnt wird, ist den Dioscorides als Heilmittel bekannt, I. I. S. 333, ... der verschiedenen Thiere. Gegen Augenleiden wird auch LIX, 2 ... LIX, 1 Vogeldreck, LXIV, 4 Fliegendreck, LIX, 14 Eidechsendreck ...

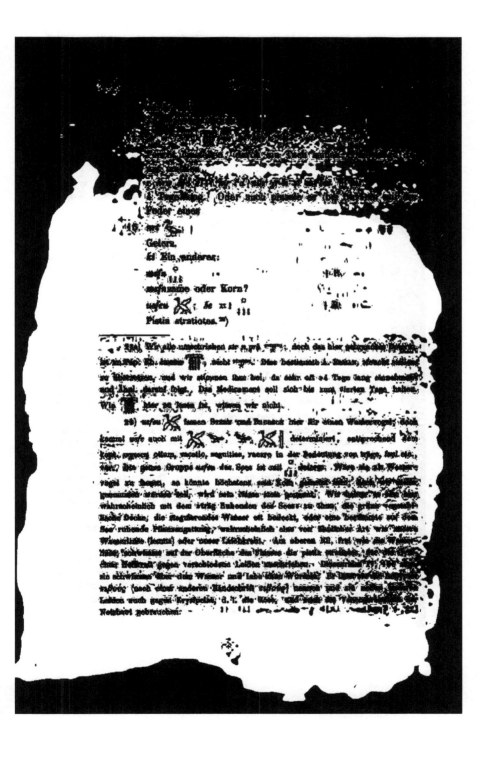

Tagelang. (Oder auch ......)

Jeder einer

Getorn.

b) Ein anderes:

aufzukäme oder Korn?

Pistia stratiotes.

Zweige des Sumpflandes im Delta oder Oberägypten,
des Mastixstrauches oder einer Sumpfpflanze.

Nachher aber

16. ... mache Du für ihn zurecht, ... Es Mark? und ... Wachs ...

und reiche es ihm sodann.

Ein anderes zum abwehren der Schmerzen (des krankhaften)
in den

17. *mrtꜣ*

Augen.

mdumt

Stibium, Antimonium

30) *kfꜣ*, kopt. ⲕⲁϧ truncus, ramus, caudex etc. Doch wohl nur als
Zweige zu fassen, weil XLVII, 2 *kfꜣ* der *gdt* pflanze erwähnt werden, von
der aus LI, 16 hervorgeht, dass sie auf dem Bauche wachse, d. h. an der Erde
hinkrieche. Solches Gewächs kann keinen Stamm haben. XXXV, 9 werden die
Kügelchen der *kfꜣ* des Flachses (*mꜣ* ... ꜣꜣꜣꜣ = linum) erwähnt, und das
können nur die Kapseln sein, die sich an den Spitzen der Zweige ... ober-
wärts ... finden. So sind *kfꜣ* Äste oder Zweige, und ...
bei man unter denen von Oberägypten Mastixzweige zu sehen; denn die Mastix-
Pistacia (Pistacia Lentiscus) soll wohl im nördlichen Delta und anderen Mittelmeer-
ländern, nicht aber in Oberägypten vorkommen. Charakteristisch an ihr und
viel verwandt sind gerade die rothbraunen jüngeren Zweige. *ddꜣt* ist übrigens
auch als Sumpfland zu fassen, und hier also vielleicht nur an die Zweige einer
Sumpfpflanze zu denken.

31) Was *dft* ... bedeutet, ist schwer zu sagen. LXI, 29, wird es als
Bindemittel erwähnt, nur mit dem ... determiniert und bemerkt, dass es vom Rinde
komme (*dft* des Rindes). Wegen des ... muss es flüssig sein, wegen des ... aber
entweder ein zu den Knochen gehörendes oder mit dem ...
zu verwehrendes Etwas sein. Es kann also ... für etwas anderes als ...
... gehalten werden, und kopt. ... und ... ist ...

32) Variante für das so häufige ...

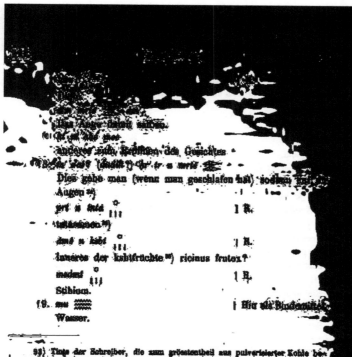

... und / Auge / kannst mild etc.

(c) ... all ... über

anderes zum Salben des Gesichtes

... ... (bei ...) der ... ... merk ...

Dies gebe man (wenn man geschlafen hat) sodann auf ...
Augen ...

girt u. feld   1 R.

... ...

imu u. kint   1 R.

Inneres der kabifrüchte ...) ricinus frutex?

imdmt   1 R.

Stibium.

18. mu ~~~~~   ... die ... ...
Wasser.

33) Tinte der Schreiber, die zum grösstentheil aus pulverisierter Kohle bestand, wie Dr. ... Analysen und alte Recepte ergeben.

34) Das sonst durch ... transportierte ... ist auch hier zu umschreiben. Nach dem Beispiele Laps. Denkm. III, 12ka—10, das Goleniscew anführt, ... 1873 ... ... ist es zweifellos, dass eine Gruppe ... ... den ... bedeutet, und vielleicht ist unser ... auf diese zurückzuführen und zu übersetzen: Ein anderes: Salben des Gesichtes, wenn geschlafen ward (nach dem Schlaf); hernach auf die Augen. Es würde dann das Mittel den vom Schlaf zugeklebten Augen gelten.

35) Ein dreimal gegen Augenleiden und einmal LXXXI, 21 gegen Erkrankung der Gefässe (Adern, Nerven) verordneter Pflanzensamen, der stark gewirkt haben muss, da LXI, 14 nur 1/64 Drachme von ihm verordnet wird.

36) Der ... Baum stand in 3 Exemplaren im Garten des Anuk. Der Baum und die Frucht desselben sind gleich benannt. Brugsch bringt das ... Namen ... ... unseren ricinus frater zusammen; doch erheben wir gegen diese ... ... Bedenken. Erstens ... , denn aber ... der Umstand, dass der Ricinusbaum regelmässig anders genannt wird, und zwar ...

... Es ist ... Gebrauch im Pap. Ebers XLVII, 15 ff. ein besonderer Abschnitt gewidmet.

nt ... 'ae dr m χt tiat du r se n mrtě 🐟 . . . ((~)

fein zerreiben, in Eins verbinden und dann a, d, Augen thun

kt :

ein anderes:

tert °
    ııı   1 Ro

Zwiebeln.

dmé n uťayt ○

das Innere der uťaytfrucht? [37])   1 Ro

20. *ǎbχ kr mrḥt* ○ | *ǎr m 'auśś* ⟸ *rǒe*

verbinden mit 1 Hin Öl, zu einem Brei machen, es

śu-f χeu ⟨—⟩

trocknen lassen und zerreiben

21. *dm-f m χt śu-f du r tr n mrtě* 🐟

damit nachdem es getrocknet. Hernach auf die Augen thun.

kt :

Ein anderes:

χpr | *msdmt* °
         ııı   1

Gewordenes vom Stibium [38]) — Stibiumoxyd?

---

37) Es ist uns nicht gelungen, diese Frucht zu bestimmen. LXVIII, 20 soll
sie in gekochtem Zustande gegen die Wunden des Krebses gebraucht werden,
LV, 2 werden »die Dinge, die darin sind« gegen die 🐟 ııı Krankheit, die wir für
die Läusesucht halten, verordnet und zwar zu ¹/₁₆ Drachme. Das Determinativ ○
weist darauf hin, dass die Frucht eiförmig war.

38) Vielleicht auch ein Käfer *msdmt* oder Stibium zu übersetzen. Lepsius's
Vermuthung, die Skarabäen seien Gewichte gewesen, hat sich nicht bestätigt,
doch ist es wohl möglich, dass »ein Käfer« von einer gewissen Substanz mit
Rücksicht auf die Skarabäen eine gegebene Gewichtsquantität derselben meiste.
Dagegen spricht, dass von *χpr msdmt* ııı 1 R. genommen werden soll. Gewordenes
vom Stibium ist wahrscheinlich die zutreffendere Übersetzung, und man hat darunter wohl das Stibiumoxyd zu verstehen. Dies Mineral schmilzt schon bei 425°
und verflüchtigt sich, bis zur Rothglühhitze gebracht, in genügenden Sauerstoff
enthaltender Luft als weisser Rauch. Der entweichende Rauch wird in kalten
Gefässen aufgefangen und setzt sich darin als weisses Pulver an. Das so durch
Sublimation gewonnene Stibiumoxyd ist wohl das Gewordene vom Stibium.
Die Thatsache, auf welche H. Brugsch uns brieflich hinwies, dass 🔲 und ⌐⊐
wechseln, war uns durch seinen Thesaurus IV S. 592 etc. bekannt, doch entzieht
sie *χpr* keineswegs seiner Bedeutung des Gewordenen.

grün	1 Ro
grüne Materie	1 Ro
Excremente des Krokodils	1 Ro
Bleivitriol? oder?? Atramentstein??	1 Ro
rothes Natron[39])	1 Ro

2. *aft*
Honig — 1 Hin als Binde-mittel

dr m ḫt tiei du r tr n mrti

in Eins verbinden und hernach auf die Augen thun.

kt nts seq [39a]) 3. *tfd n mrt*

anderes für das Stillicidium der Pupille des Auges oder das Hypopyon?

---

39) Zwei Arten des Natrons werden am häufigsten erwähnt. Die eine kam aus dem [...] *sḫt ḥem* dem Natron-Thale, das dem Bezirk der später durch ihre Klöster und Mönche berühmt gewordenen nitrischen Seen entspricht und nach der Hauptstadt dieser Landschaft das von [...] *ḥrp* genannt wird; die andere gewann man im 3. oberseg. Gau mit der Hauptstadt *Nḫb* (heute el-Kab). Das rothe Natron, das seine Färbung metallischen Einflüssen dankt, fällt heute noch unter den helleren Krystallen dem Reisenden auf, die den Wadi el-Natrûn besuchen.

39a) *seq* ist gewiss das koptische cwa trahere, fuere. Es könnte zusammenziehen bedeuten; doch andere Stellen des Pap. sprechen für fliessen. L, 13 ist eher das Fliessen als Zusammenziehen des Urins gemeint, und wie unser Stillicidium das Tröpfeln der Thränen bedeutet, so wohl auch das seq. Das des Urins erwähnt schon Plinius, 30, 66. Für das Fliessen sprechen auch die Frauenkrankheiten XCVI, wo in die entzündete Vulva (6 — 7) eine Einspritzung gemacht werden soll, wenn der Uterus affciassis, doch wohl eher als sich zusammenzieht. s soll in die Vulva eingespritzt werden, die (seq) fliessende nämlich. so meint eher den Fluss als das Zusammenziehen des Uterus. Das determinirende

χρα ꜥ.ⴱ ⲣⲉⲃⲛⲉ

Feilspähne? ⲣⲣⲉⲧ??? von Ebenholz ?

Krokodill deutet vielleicht auf das stetige, unaufhaltsame des Flusses oder Fliessens. ꜥ◯ ist sicher die Pupille. XCIX, 9 wird es, mit ◯◯ determiniert, ꜥ◯◯ꜣ wird geschrieben. Aegypten ist der Augapfel der Gottheit, und zu Edfu heisst es von demselben ◻◻◻ . Das schwarze Land (Aegypten), genannt nach dem Auge des Osiris; denn es ist die Pupille (das Schwarze) desselben. Die Pupille fliesst nicht; es kann also nur der Eitererguss vor der Pupille gemeint sein. Sollte sey doch das Zusammenziehen bedeuten, wäre an Myosis kaum zu denken, weil sie das Sehvermögen nicht beeinträchtigt.

40) Was χρα von Ebenholz ist, wagen wir nicht sicher zu bestimmen. Es kommt übrigens auch von anderen Bäumen vor, wie vom Weihrauchbaum etc., doch nie so, dass es eine Handhabe böte. Es ist vorgeschlagen worden, es mit dem kopt. ⲫⲉⲛⲧ pudenda oder mit ϩⲉⲗⲡⲓ, ϩⲗⲡⲓ umbilicus, lumbus zusammenzubringen; doch was sind pudenda und der Nabel von Bäumen? Dioscorides verordnet I, 129 Ebenholz fein pulverisiert, seine Drechsel- und Feilspähne, und es lässt sich vielleicht in dem kopt. S. B. ⲙⲱⲁ scheeren wiedererkennen. Das Abgeschorene, Geschnittene, oder wohl auch das Abgehobelte vom Ebenholz würde gut zu Dioscor. I, 129 passen.

41) Durchaus sicher bestimmt. Ebenholz kommt schon ausserordentlich früh vor. Im alten Reiche im Grabe des Tⴱ das Polieren ⴱ des Ruhebettes ⳋ. Das Möbel wird schwarz gemalt und so, dass man es nur für Ebenholz halten kann. Von demselben Holze ward früh die Kopfstütze ⵊ gefertigt. Die Flotte der Hâtšpsu brachte es aus Punt. Näheres bei E. Moldenke über die in altaegyptischen Texten erwähnten Bäume S. 93 ff. Hebr. Sing. הָבְנִים (Ges.) Plur. הָבְנִים, Diospyros, Ebenum L. Bei Plinius hist. nat. 25, 11 als Mittel gegen die Augenleiden albugo und caligo. Das erstere ist die weisse Farbe und der weisse Fleck der Hornhaut = λεύκωμα. Nach Hasxamma S. 2 bedeutet albugineus auch das Kammerwasser, die Augenflüssigkeit (Galeno adscript. lib. d. ocul. p. 124). Dies würde für unser Recept stimmen. Das caligo, gegen welches nach derselben Stelle des Plinius Ebenholz verwandt werden soll, ist Blödsichtigkeit im Allgemeinen. Nach Dioscorides I, 129 hat Ebenholz die Wirkung, die Pupillen von dem zu säubern, was sie verdunstert. Das sind doch die Ausflüsse, gegen die unser Recept sich richtet. In ganz fein pulverisiertem Zustand soll es am besten wirken. Als gute Zuthat für Augenmittel werden auch die Drechsel- oder Feilspähne des Ebenholzes in Wein von Chios angelöst bezeichnet. Statt des Weines kann man auch Wasser nehmen. Ebenholz soll auch in einem neuen irdenen Geschirr zu Kohle verbrannt, wie gebranntes Blei ausgewaschen und gegen ψωροφθαλμίαι und ξηροφθαλμίαι verwandt werden. Die ersteren bedeuten (von ψώρα) Augenkrätze. Rimly (bei Hasxamma S. 26) beschreibt sie als Blepharophthalmia quartea, Blepharitis psorica impetiginosa, die hartnäckige Lidrandentzündung. ξηροφθαλμία

Eine Art oberäg. Natron, Salpeter? [a]

₰ ... für was du r mrtȝ ...

Salpeter in Wasser auf die Augen zu thun

4. ...

äusserst häufig.

kt ni dr ... ušet ... m mrtȝ ... [b]

Anderes zum Vertreiben der Verkalkung in den Maybom-
schen Drüsen oder das Atherome.

---

ist nach Hippokrates S. 112 bei den Alten etwas ganz anderes gewesen als bei
den Neueren. Nach Aëtius anid. p. 137 wurde der trockene Staphylom und
Lidvorfällern auch Xerophthalmie genannt. Wie von den aegyptischen, wurde
also auch von den griechischen und römischen Ärzten Ebenholz als Mittel gegen
Augenkrankheiten benutzt; jetzt ist es ganz aus der Officin verschwunden und
wird in so ausführlichen Werken wie Bischoff's medicinisch-pharmaceutischer Botanik nicht einmal mehr erwähnt.

42) LV, 24 und LXIII, 5 stehen neben den Körnern (se ...) von Oberägypten
eben solche von Unteraegypten ... . Wir hatten es für den Samen von verschiedenen Fischarten gehalten, und zwar wegen des ... oder ...
das eine feine batistartige Leinewand bezeichnet, auch wird der Leinsäme, un-
zerstossen und abgekocht heute noch als Leinsamenschleim (Mucilago seminis lini)
zu Gurgel- und Augenwasser benutzt. Auch Braun hielt es für den Samen
einer Pflanze, doch zwingen uns die von Dümichen publicirten Texte aus der
Ptolemäerzeit, es für eine Art von Natron zu halten. In den Natronreceptien, welche
der genannte Gelehrte veröffentlichte, können gewiss keine vegetabilischen Substanzen zur Verwendung gekommen sein, und da in seinen geogr. Inschr. unser
se qniȝ als Steuer desselben Nomos vorkommt, den wir S. 225 A. 59 als Hauptheimat
des Natrons bezeichneten (Nχb, heute el-Kab) und in dem heute Salpeter gewonnen
wird, muss es bei der Bedeutung »Natron« oder »Salpeter« bleiben.

43) Die ... ušet ... kommen sonst gewöhnlich als im Leibe be-
findlich vor und können kaum für etwas anderes als die »st오fic der Ärzte oder
Steinbildungen gehalten werden. XXVII, 16 werden Mittel gegen das uḥe ... qeqei
verordnet und diesem Recept folgt (Z. 18) ein anderes zum Vertreiben der Beulen
(ȝnnut ...) der schmerzhaften Stellen (18). Es ist hier von äusseren Krankheiten
die Rede, und da die qeqei ... kaum etwas anderes bedeuten können als runde
Geschwüre, die man getrost »Pusteln« übersetzen darf, da das kopt. ϫⲟϫ pustula
doch wohl der Nachfolger des altaeg. qeqe, so ist wohl das uḥe ... der Pusteln

medmt ⊙ |||	| Ro
Stiblam	
maß ⊙ |||	| Ro
Mennige	
5. *gmt* ⊙ |||	| Ro
Grüne Bleierde	
hemn ⊙ *dšr* |||	| Ro
Rothes Natron.	

du r tr n mrté ⊗
Sodann auf die Augen thun.

kt nt dr ⌣ *sht* ⊙ \|\|\| *nu mrté* ⊗
Anderes zum Vertreiben des Albugo (Leukom) der Augen[44]

6. *udd n šté* ⊗ | \| Ro
Hirn der Schildkröte.

dft ⊙ \|\|\| | \| Ro
Honig.

du r tr r mrté ⊗
Sodann auf die Augen thun.

kt nt dr ⌣ *snf* ⌐ 7. *m mrté* ⊗
Anderes zum Vertreiben des Blutes in den Augen, d. i. des
Blutergusses in die vordere Augenkammer.

anu ⊙ \|\|\| | \| Ro
Dinte

---

für die Verhärtung derselben zu halten. Im Leibe sind die *uhet* ⊙\| der Stein oder
Gries; ausserdem kommt *uhe* ⊙, *uhe* auch verhärtet in der Bedeutung von *erws-*
nichtens vor. Vielleicht ist unter den *uhet* ⊙\| der Grützbeutel (Atheroma) zu ver-
stehen, bei dem krümelige, griesartige Einlagerungen vorkommen. Dr. Semmer's
Vorschlag, die *uhet* ⊙\| im Auge für Verkalkung in den Meybom'schen Drüsen zu
halten, ist beachtenswerth. Bei der sehr unbestimmten Ausdrucksweise des Pap.
und dem Mangel jeder Diagnose darf man es »Geschmacksacher« nennen, für welche
der genannten Augenleiden man sich entscheidet.

44) Von den Alten wohl gekannte Augenkrankheit, das λεύκωμα der Griechen. In unserem Pap. wörtlich das Weisswerden der Augen. Die Hornhaut ist
es, auf welcher der weisse Fleck erscheint.

arab. Holzpulver?

Zwiebeln

8. ~~~~ 
Wasser

fein zerreiben und auf die Augen thun.

Andere Mittel, hergestellt gegen die Verschleierung (irische
Affection), welche sich erhebt (um sich greift) im Auge.

getrocknete Excremente aus dem Leibe eines Kindes

Honig

zu frischer Milch[48]) thun und hiernach auf die Augen geben.

---

48) Die Gruppe ... hat uns grosse Schwierig-
keiten bereitet. H. Brugsch sieht in ihr (Wörterb. ser. II S. 554): 1. frisch
melkbare neue Milch, 2. Milch, d. i. Saft, milchartige Absonderung gewisser Pflanzen und auch die daraus gewonnene Flüssigkeit. Diese Erklärung lag nahe, doch
wagten wir nicht sie auszusprechen, weil ja das alte ... ārit (auch)
Milch von verschiedenen animalischen Wesen, auch der Kuh (determ. ...) in
kochtem und ungekochtem Zustand, kopt. ερωτε, ερωτι nicht nur die frische
Milch, sondern auch gelegentlich Pflanzensaft, z. B. LXIX, 8, wo ārit nht von
Sykomorenmilch oder Saft verordnet wird, sicher bezeichnet. Die Gruppe ...
ist gleichfalls nicht selten, kommt am häufigsten von Pflanzen vor, und Gruppen
wie LXXV, 20—21: Pulver von ...

10. kt nt dr ꜣ nḥet ◯ m mrit ⬡

Anderes zu vertreiben das Umdrehleiden (Ectropium oder
Entropium) d. i. Ausstülpung und Einstülpung (der Lider) der
Augen. Vielleicht Verdrehung der Augen oder Schielen.

wdd ◯ n štt ▽ | Ho

Schildkrötenhirn

---

schiefes gegen Milch zu sprechen; doch haben wir es auch hier mit Milch zu
thun. Es ist nämlich zerriebene geronnene Milch, die man verkütten lässt, gemeint.
šy ist nicht annehmlich, wie so oft, sondern agoronnene zu übersetzen und wohl das
koptische B. zaza turpis. Wo, wie bei XXXX, 2 ꜣes ⌇ šey ▭ šey mit dem ▭
determiniert wird, kann es auch Milch einer Mutter, die ein Männliches geboren,
bedeuten; wie denn auch XXVI, 1 drtt nt mest šey ▭ 𓀀 Milch einer Frau, die
ein Männliches geboren, verordnet wird. XXXX, 2 wird dem Arzte gerathen, den
Patienten, der an Obstructionen leidet, eine Milchkur gebrauchen zu lassen, und
es kommt dies in folgender Weise zum Ausdruck: »So sage Dir deswegen, er
möge fallen mit seinem Munde auf frische Milch (ꜣes ⌇).

46) Die Wurzel ⌇ 𓀀 nḫe, von der Schreibungen wie 𓀀 𓀀 und
mit Reduplication der Endsilbe ⌇ 𓀀 𓀀 nḫeḫe oder ⌇ 𓀀 𓀀
verkommen, bedeutet widrig, gefährlich und scheint uns ursprünglich die Bedeutung verkehrt zu haben, und zwar zunächst mit Rücksicht auf den Kopf, der,
wenn er nach hinten hin schaut, verkehrt steht. Dies Bild war den Aegyptern
an Gazlen mit umgekehrtem Kopf geläufig, und 𓀀 𓀀 ḫe bedeutet ursprünglich
das Hinterhaupt oder die Kehrseite des Kopfes. Erwiesen durch Beispiele wie
Sallier III, 1 und 2 nnu ▭ n ḫeu ◯ f schauen nach seinem Hinterkopf, d. i.
sich nach hinten oder rückwärts umschauen. So heisst im Tur. Todtenbuch 125, 16
der eine Todtenrichter ⌇ 𓀀 𓀀 der mit dem Gesicht nach hinten oder
mit dem verkehrten, umgekehrten Gesicht. Die Determinativa ◯ und ⌇ weisen
auf das monströse der Umkehr, das also mit Verdrehung übersetzt werden darf.
Statt ◯ | ⌇ 𓀀 𓀀 ◯ ⌇ hat der Pap. des British Museum 9949 in Naville's
Todtenb. ◯ | ⌇ ⌇ 𓀀 ⌇ hr-f nḫe-f sein Angesicht am Hinterkopf oder der
mit dem verkehrten Angesicht. Bildliche Darstellungen solcher Dämonen, deren
Antlitz in böser Verrenkung nach hinten sieht, illustrieren diese Namen. Von der
Bedeutung nach hinten gewinnt dann nḫe die des verkehrt, verdreht, umgekehrt
seins, und die nḫe-t ◯ Krankheit an den Augen kann kaum etwas anderes sein als
die Umkehrung, Verdrehung, oder, wie Hirschberg (S. 26) sich ausdrückt, die
Aus- oder Einstülpung des Lides. Ectropium ist die Ausstülpung, Entropium die
Einstülpung desselben, die auch Eversio und Inversio genannt wird. Schon Hippo-

auf die Augen thun.

11. *kt nt šnu ⟨⟩ m mrtš*

Anderes für die Hitze[48]) in den Augen

mst ⟨ (mšt ⟨) nt gu ⟨⟩ sbtš šsf ⟨ tš.

Leber des Rindes gebraten und?[49])

12. *du r-e šbs mš*

dagegen nehmen der Ordnung gemäss.

kt nt dr ⟨⟩ snf ⟨ šr mrtš ⟨⟩

Anderes zum Vertreiben des Blutes in den Augen. Rothe
Augen oder Blutergüss in die vordere Kammer.

nir sntr °
⟨111⟩ | Ro

Weihrauch

---

tropion kennt das Ectropium und den Namen, Praedict. I, 213, Beschreibung bei
Galenus. Def. med. XIX, 432. Med. XIV, 772. Entropium fehlt bei den Alten,
weil, wie Hirschberg scharfsinnig bemerkt, dies Wort auch das »Schamgefühl« bezeichnet. Dafür haben die Alten Phimosis und Phalangosis. Vielleicht ist auch die
Verdrehung des ganzen Auges oder das Schielen gemeint.

47) Das *dbrå*, das auch im Berl. med. Pap. öfter verordnet und ebenfalls
determiniert wird, ist ein feines Salböl, das unter den Haarmitteln zuerst Pap.
LXV, 16 ᴅᴇᴄʜᴛᴇ verwandt werden soll. Es hat also auch naechtes gegeben. Zum
gleichen Zwecke »um das Haar nicht grau werden zu lassen«, soll es LXV, 12 in
gewärmtem oder gerösteter Zustand genommen werden. Es war vielleicht eine
Schwärze; denn in dem gleichen Recepte kommt nur noch eine Katzenvulva, ein
Vogelei und Öl vor. Das *dbrå* wäre also das einzige Schwärzende.

48) ⟨IIII⟩ ⟨ *šnu* ⟨⟩ kann kaum etwas anderes bedeuten als die
Hitze im Auge; denn ⟨IIII⟩ ⟨ *šnu* ⟨ mit der Flamme determiniert bedeutet
in der gleichen Handschrift sicher erhitzen, erwärmen. CIX, 15 heisst es nämlich:
⟨IIII⟩ ⟨ ● ⟨⟩ ⟨ ● ⟨×⟩ erhitze es (für Dich) auf dem Feuer. Eine Bestätigung bietet der Umstand, dass das zweitnächste Recept — das nächste spricht
vom Blut in den Augen — Mittel gegen Entzündungen ⟨ ⟨ *šnu* ⟨ angiebt.

49) Was *šsf* ⟨ bedeutet, haben wir nicht zu eruieren vermocht. Jedenfalls soll mit der Leber, nachdem sie gebraten ist, noch eine andere Manipulation
vorgenommen werden.

mett (metet) ⏚   Ro

Chelidonium majus[53]). Gemeines Schöllkraut?

rde m werte ⯊

auf die Augen thun.

43. ht nt dr ⸗⸗ teu ⏚ | m mrte ⯊

anderes zur Vertreibung der Entzündungen[54], in den Augen.

---

39) Stern bringt den Namen der Pflanze ⸗⸗ mett (metet) mit dem kopt. ... crocus zusammen und weist schon mit Recht auf das μωδός bei Dioscorides hin; doch dies ist chelidonium majus, nicht unser crocus. Was der Papyrus sonst von diesem Mittel aussagt, wird den Botaniker möglicherweise auf eine sichere Spur führen. Es soll zerrieben und κεκτομόν werden, LVII, 20 gegen eine Augenkrankheit mit frischem Wasser. Es werden von ihm erwähnt die prt ᵒ|||, d. s. die Beeren oder der Same sowie XXXIX, 10 ⸗⸗ o a o a mett ⏚ d. i. das Steinchen oder harte Stück [ein Korn] (ἀλ lapis, calculus) derselben Pflanze. Es gab verschiedene Arten derselben und zwar Südmett ⏚, Nordmett ⏚, mett ⏚ der Sümpfe (ἀδhyt ⏚, Pap. Eb. LXIX, 10 sowie im Berl. med. Pap. XIV, 2) des Landes, oder, wie Bavesch ⸗⸗ übersetzt, der Wüste. Im Pap. Eb. XLIII, 6 werden mett ⏚ des ⸗⸗, d. i. des Landes und des Nordens nebeneinander verordnet. Das alles passt recht gut auf die Beschreibung des χελιδόνιον μέγα bei Dioscor. II, 211, seinen aegypt. Namen μωθόθ (mett ⏚ und seine Verwendung. Die Römer sollten es φάβιουμ (fabium), die Gallier θῶνα nennen. Die Frucht ist wie die des gehörnten Mohnes, und der Same, den sie enthält, grösser als der Mohnsame. In ihm haben wir gewiss die prt ᵒ||| oder den Samen und das ἀ o, das dem einzelnen Korne gleich wäre, des mett ⏚ zu erkennen. Der mit Honig vermischte Saft soll auf glühenden Kohlen in einem ehernen Gefässe gekocht der Schärfe der Augen zu Gute kommen, war also auch dem Dioscor. als Augenmittel bekannt. Mit Honig wird dies mett ⏚ auch in unserem Pap. verordnet, z. B. XLV, 4 mett ⏚ des Nordens. Chelidonium majus gehört heute noch zu den officinellen Pflanzen, in grösseren Dosen wirkt es giftig, in kleinen erregend auf sämmtliche Sekretionsorgane und die Ausscheidung in denselben befördernd. Bischof S. 473. Dass die Aegypter dies erkannt hatten, geht aus vielen Recepten hervor.

54) Durchaus sicher wegen der unzweifelhaften Bedeutung von ⸗⸗ und ⸗⸗ die Hitze, heiss, erhitzen. Schon das Determinativum ⏚ der Flamme würde sie sichern; doch geschieht dies auch durch die Verbindungen der Gruppe. Vielleicht entspricht dem hierogl. teu ⏚ das kopt. ... ... brennen. Bedenklich ist der Übergang des t in u.

tert _o ||| | Ro
Zwiebel

msdmt _o ||| | Ro
Stibium

pert' tntå | Ro
Tntåsame?

14. *rde tr n mrtĕ* ⟨⟩
sodann auf die Augen thun.

kt nt dr ⸗ qnt ⬭ m mrtĕ ⟨⟩
anderes zum Vertreiben des Fettes[52]) in den Augen.

Pingueculae oder Xanthelasma

msdmt _o ||| | Ro
Stibium

uetu _o ||| | Ro
Kieselkupfersalbe.

mnšt _o ||| | Ro
Mennigerde

15. *se' ur* _o ||| | Ro
Bleivitriol? σῶϱυ?? Atramentstein??

'aft _o ||| | Hin als Binde-
Honig   mittel

du r tr n mrtĕ ⟨⟩
Hernach auf die Augen thun.

---

52) *qnt* ⬭ bedeutet sicher das Fett und hat sich im koptischen gut erhalten in S. ⲕⲛⲕⲉ, B. ⲕⲉⲛⲓ pinguem esse, das von allem Fetten gebraucht wird. LXX, 10 wird fettes Öl verordnet, LXXIII, 21 Fett der Quadrupede *dȟr*, LV, 1 soll etwas Fettes (*qn* ⬭) nachgegessen werden, sei es das zu fettem Fleisch (auf *tåe* |||) gehörende, sei es Öl (*mrȟt* ||| _o). Vielleicht sind die Pingueculae gemeint. Über das Xanthelasma oder Xanthoma, wovon in dem grossartigen GRAEFE-SEMISCH'schen Werke 2 Formen unterschieden werden, das xanthoma planum und tuberosum (knotenförmige), sagt HIRSCHBERG S. 112: Der Fleck sieht gelb aus, besteht aus vermehrtem Bindegewebe mit Fettbildung und wird deshalb auch Fibroma lipomatodes (λύπος die Fettigkeit) genannt.

kt nt dr [hieroglyph] *pdst* ○ *m mrt* [hieroglyph]

Anderes zum Vertreiben des Kügelchens[53]) im Auge, des Gerstenkornes oder der Granulation; Vielleicht wird auch das Chalazion gemeint.

16. *msdmt* ○ ııı	I Ro
Stibium	
uetu ○ ııı	I Ro
Kieselkupfersalbe	
ṭert ○ ııı	I Ro
Zwiebel	
gt [hieroglyph] *'aue* ○ ııı	I Ro
arab. Holzpulver	
msfn ○ ııı	I Ro
Msfusame oder Korn? (S. 204 (72) A. 12)	

emdu [hieroglyph] 17. *ḥr mu* [hieroglyph] *rde tr n mrté* [hieroglyph]

mit Wasser zerreiben. Hernach auf die Augen thun.

---

53) LXIV, 3 und LXIII, 11 (*pdst* ○) werden andere Mittel gegen dasselbe Leiden verordnet: »Mittel zum Vertreiben des *pdst* ○ im Auge« etc. Dass das *pdst* ○ ein Kügelchen bedeutet, geht auch sonst aus dem Zusammenhang hervor. LXVI, 5—6 wird z. B. Opium? und Eselsleber verordnet. Beides soll man in ein Gefäss thun, damit es zu *pdst* ○ ııı Kügelchen werde etc. LXXXVI, 14 soll Weihrauch mit dem Brei oder Teig *sš* ○ ııı in Eins verbunden und zu einem *pdst* ○ oder Kügelchen gemacht werden (*ár m pdst* ○). Auch das Korn *psd*, wovon XLI, 11 *tnmu* ○ ııı *psd* [hieroglyph] eine Körnercomposition und XLIV, 16 *psd* [hieroglyph] 1/32 Drachme genommen werden soll, ist wohl das Gleiche. Stern erkennt darin die κριθή d. i. die Gerste oder das Gerstenkorn der Griechen, und auch wir nennen ja ein gewisses Geschwürchen am Auge »das Gerstenkorn«. Aus mancherlei Gründen könnte es freilich auch für die Granulation gehalten werden. Dass das Auge im Sing. steht, widerspricht dem mit nichten, da ja das Gleiche bei Leiden vorkommt, die sich sicher auf beide Augen beziehen, so LV, 21, LVI, 7 etc. Vielleicht ist auch das Hagelkorn Chalazion gemeint, das sich im Augenlide bildet. Chalazion (χαλάζιον) ist das Diminutiv von χάλαζα. Es gleicht dem Gerstenkorn so sehr, dass Hirschberg S. 17 nicht sicher zu unterscheiden weiss, ob Hippokrates seiner oder des Gerstenkorns gedenkt. Wahrscheinlich meint er nur das letztere.

kš nš špt ...

Anderes für die Blindheit[54] oder Blödsichtigkeit.

... *in ni ... ...*

Schweinaugen. Nimm das darin befindliche Wasser.

18. *mesdmt ...t*   1 Ro.

echtes Stibium

mafš ...   1 Ro

Mennige

xpr tšf n 'afš   1 Ro

Wild- oder Naturhonig[55])

nš ... 'am   *dr* 19. *m xt wšt*

fein zerreiben. In Eins verbinden

uš ... m mstr ... n se ... r snb-f ḥr 'auš

Einzuspritzen in das Ohr des Patienten, damit es ge... werde auf der Stelle.[56])

20. *dr mes š ḥbe mšš t'd xr-k m ḥkš*

Hast Du verrichtet Deine Inspection der Ordnung ...
so sage (bei Dir) als Beschwörung:

du dsnš nn rde m šst nn

Ich habe genommen dies und gethan auf diesen Sitz

---

54) *špt* ... scheint die Blindheit zu bedeuten. Was STERN ...
mit »Glaukoma« zu übersetzen, ist uns unerfindlich, und Stellen wie Todtenbuch ...
... er eröffnete meine blinden Augen ...
Sinn von *šp* ... unser Zweifel. Unter den von NAVILLE gesammelten Varianten ...
ta theb. Pap. hat der Berl. Pap. 2 ... *špuyu* ... Somit hat ...
die theb. Papyri statt *šp* — *kšlšu*, *šdnššu*, *šnšu*, *šdmš* ...
Ähnliches, was dann vom Auge soviel als »gebrochen« oder »ausgelaufen« be...
Blödsichtigkeit würde vielleicht für Blindheit zu setzen und die citierte Stelle ...
Todtenbuches 28, 6 zu übertragen sein: Er öffnet mein blödes Auge. Im ...
tischen hat es sich nicht erhalten, doch lässt es sich vielleicht, wie H. B...
schon im Wörterb. ser. I S. 1375 zeigte, auf *šp* ... auswerfen, ausspeien,...
leeren zurückführen.

55) Von selbst Entstandenes des Honigs.

56) Im griechischen Theile des Decretes von Kanopos übersetzt *šp*...
Eigentlich auf der Hand, wenn STERN passend das altdeutsche »ze handt« und das
englische »at hand« heranzieht.

24. .... (....) ... .
dem Leidens. Sei gebannt „Krokodil"[58]) (bis) sei gebannt
Krokodil!

kt nd dr ... špt ⊂⊃ m mrté ☰ m

Anderes zum Vertreiben der Blindheit in den Augen zu

LVIII. 1. bnn ○ [59])

dem Rundkörper (Pupille oder vielleicht Linse). Pupillen-
verschluss oder Staarbildung.

Es könnte auch übersetzt werden: Anderes zum Vertreiben
der Blindheit (Blödsichtigkeit) in den Augen durch ein Amulet; denn
bnn ○ kommt sicher und nicht selten mit dieser Bedeutung vor.
Dagegen spricht freilich sehr laut, dass gleich hinter dem bnn ○[III]
eine Drogue genannt wird, die auf die Augen gethan werden soll.
Diese wäre ja nicht nöthig, wenn das Amulet die Heilung bewirken

---

57) Das kopt. B. ꞷⲩ miser, infirmus etc. heisst S. ꞷⲩ und kann darum
nicht, wie vorgeschlagen ward, auf ꞷⲇ zurückgehen.

58) Krokodil bedeutet hier soviel wie Unhold und bezieht sich auf das Leiden.
Das Ganze würden wir als Beschwörer ausdrücken: »Sei gebannt Leid, Du Unhold!
Sei gebannt!«

59) ⌇⌇⌇ ○ bnn ○ hat wohl ursprünglich in der That die von BRUGSCH
(Wörterb. ser. II S. 430) vorgeschlagene Bedeutung einer Kugel oder Pille, und
der Stein ⌇⌇⌇ ○⌇⌇⌇, wie wir schon vor Jahren unabhängig von BRUGSCH notierten, die eines Kiesels. Später bezeichnete bnn ○ sicher, vielleicht mit Rücksicht
auf die runde Form, ein Amulet. Auch die bei BRUGSCH Wörterb. ser. II S. 395
aufgeführten Hauptbeispiele für bnn ○ der Ring bestätigen nur die Setzung bnn ○
das Amulet. An unserer Stelle müssen wir ihm doch den ursprünglichen Werth
des runden Körpers lassen, wie im Texte gezeigt wird. Da LVIII, 1 bnn ○ mit
snté ○[III], das ihm folgt, zusammengezogen werden darf, und man dann dasselbe
bnn ○ snté ○[III] hat wie LIX, 9, könnte man denken, bnn ○ gehöre mit zu dem
Mittel und nicht zu der Bezeichnung der Krankheit. Es würde dann nur zu übersetzen sein: »Anderes Mittel zum Vertreiben der Blindheit in den Augen. Ein
Kügelchen Myrrhen etc.« Doch würde in diesem Falle eine doppelte Verschreibung
vorliegen; denn das ▱ am Schlusse von LVII, 24 würde zu viel und m bnn ○
fälschlich roth geschrieben worden sein. Solche den Sinn alterierende Fehler
wären in dieser Handschrift, welche, wie die ꞏ etc. am Rande und einige Emendationen beweisen, in Gebrauch gestanden hat, gewiss corrigiert worden; auch
würden sie schlecht zu der sonst sorgsamen Schreibung des Papyrus stimmen.

dort erwähnte ... ❍ ... kann nur ein ...
bedeuten; die Myrrhe aber (Balsamodendron Myrrha ...)
... hat eine eiförmige, zugespitzte, giftige Frucht, ...
ausgelesene Myrrha (myrrha electa) kommt heute und ...
immer in bestäubten oder schwach glänzenden Stücken oder ...
in der Grösse einer Erbse bis zu der einer Wallnuss[55]) in dem ...
Die Stücke, die ich sah, können sehr wohl Rundkörper oder ...
eben genannt werden. Solche werden LIX, 9 verordnet, ...
... LVIII, 4 auch dem Rundkörper des Auges in der oben ...
Auffassung bezeichnet.

LVIII, 4. ... ❍ ... ⊙ ... 𓏏 𓏏 ≈≈≈ ...

Trockene Myrrhen zerrieben mit geronnener (saurer) Milch ...

---

55) Bischoff, Med.-pharm. Botanik S. 71.

56) ...

ist eine schwer zu bestimmende Gruppe. Wo ... im Pap. Eb. vorkommt
und wir begegnen ihm 7 mal, tritt es in der Verbindung ...
Stern überträgt ..., das auch noch mit dem ... oder ❍ ...
wird, gleten tränne; doch finden wir keinen zureichenden Grund für diese Übersetzung. Wäre sie richtig, müsste man ... für Saft und die ganze Gruppe ...
Saft des Mehlkleisters halten. Aber ... bedeutet, wie wir (S. 225 ...) ...
zeigten, gewöhnlich Milch und ... ❍ ... muss doch wohl auf die einfache Form
... ❍ ... ❍ zurückgeführt werden. Beim Holz ist es ... in der
Bedeutung von ... begegnet. Es bezeichnet also etwas aus dem ...
normalen in einen Zustand der Zersetzung Übergegangenes. Milch, der Zersetzung
oder des in Verderbniss Übergehens kann aber nichts anderes bedeuten als ...
neue saure oder in käsigen Zustand übergegangene Milch, und so bleiben wir dabei,
in unserer Gruppe geronnene oder saure Milch zu sehen, zumal solche dem Auge
zuträglicher sein möchte als Saft des Mehlkleisters. Dass ... nicht als Zeichen der
grammatischen Relation zu betrachten, sondern zu dem zweiten Worte zu ziehen
und ... zu lesen sei, glauben wir nicht; auch ist ... allein
uns nirgends, weder in unserem Papyrus noch sonst wo begegnet. Es erinnert
an das ... ❍ in ... ❍ ... ❍ das nur hinter ... vorkommt ...

3. *rše ir n mrtē* 𓂀

hernach auf die Augen thun.

kt

Ein anderes:

ʿort 𓏼 𓏼 3. *eft* 𓏼 1 Hin

Zwiebel vermischt mit 3. Honig 1 Hin?

rše ir n mrtē 𓂀

hernach auf die Augen thun.

kt nt stuχ ⸺ 𓂧 *mee* 4. *m mrtē* 𓂀

Ein anderes zum Behandeln des Gesichtes (Blickes) 4. in

den Augen:

mesdemt 𓏼	1 Ro
Stibium	
ʿšu 𓏼	1 Ro
Dinte	
ʿort 𓏼	1 Ro
Zwiebeln	
5. *mefe* 𓏼	1 Ro

5. Mefnsame oder Korn? S. 204 A. 12.

(*ʿšy* ⸺ *n mesdmt* 𓏼)

Männliches Stibium.

ir m χt 6. *uʿa 1 du r mrtē* 𓂀

in Eins 6. vereinen und auf die Augen thun.

---

allein hinter *šes* 〰 erschiene, wenn es überhaupt so zu lesen wäre. Besser empfiehlt sich die Schreibung *n šušyt*, was, wie gesagt, sich decomponieren, gerinnen bedeuten muss und gut zu der Milch passt, während wir die Bedeutung nicht zu bestimmen wüssten. *nš* in der angeführten Verbindung *χmš nš* giebt wohl — man denke an *nšnš* — auf ein sich setzen und niederlassen, d. h. auf die Thätigkeit, durch welche die Hefe entsteht.

62) Aus dem Ritual von Abydos (Mariette Abydos p. 76) geht hervor, dass ... *še* 5, 5 Stückchen vom Weihrauch etc. bedeutet; unser *ʿšy* ⸺ wird aber mit ⸺ determiniert und ist die Sorte des Antimons, welche Plinius ... nennt und beschreibt, während Dioscor. N. 99 nur das weibliche *γυναικεῖον* erwähnt.

... anderes zum Vertreiben des ... in den ...

7. ... Wenn es donnert am Himmel des ... am ... es gewittert.

8. ... am Himmel des Nordens, wenn sich nieder die ... das Wasser, wenn

9. ... die Schiffsleute des Ka schwingen ihre Stangen, wobei ...

10. ... die Köpfe in das Wasser — so ist er wer, der ... und sie findet? Ich bin es, der sie fängt.

11. ... ich bin es, der sie findet, indem ich eure Köpfe zu ... bringe, indem ich eure Hälse

12. ... aufrichte, indem ich an seinen Platz stelle, was ... abgeschnitten war.

13. ... So führe ich euch herbei, um zu vertreiben den Gott des Fiebers und jeder Todesart[65]) und

14. re ḏd ḥr udd ... n site ... xeu ... ḥr s. w. Zu sprechen über das Schildkrötenhirn vermischt ...

15. ... Honig. Hernach auf die Augen zu thun.

Dieser wunderliche Abschnitt ist ein Stück aus einer ...

---

63) Kaum zu unterscheiden von LVII, 5. Dort heisst es ... das Weisswerden der Augen, hier ... das Weisswerden in den Augen.

64) ... m pt ... ist die Stimme vom Himmel oder der Donner. ... ϩⲣⲟⲩ ... ⲛⲉ ...

65) Eigentl. des männl. und weibl. Todes, was nach der bekannten ... valle'schen Regel »jeder Todesart« bedeutet.

... wie auf Z. 14 und 15 hervorgeht, bei dem ... ...
... ...enden Mittels: Schildkrötengehirn mit Honig ... ...
... Ähnliche Stücke kommen LIX, 9-14 und ... ...
..., der in seiner Schrift über Isis und Osiris ... ...
... ist, erzählt Kap. 81, man habe Stellen aus dem heiligen
... den Salbenbereitern vorgelesen, während sie die Drogen
..., welche das Räucherungsmittel Kyphi bildeten. Das ...
...führte Stück bezieht sich auf einen mythologischen Vorgang, und
... wahrscheinlich auf den Kampf des Râ mit dem Set Typhon
... seinen Gesellen. Eingeleitet wird der Streit durch ein Un-
...wetter in der Nacht. Bei einem solchen denkt man sich den Set
... dem Horus oder, wie hier, mit dem Râ Harmachis im Streite.
... fällt dabei die heilige Säule, der Pfeiler an dem das in Mumien-
...gestalt aussculpirte Bild des Osiris angebracht ist, in's Wasser; d. h.
... Osiris, für den der Kampf geführt wird, verschwindet in seinem
...Elemente, oder wie die Mythe sonst lehrt, in der Unterwelt. Nun
schwingen die Gefährten des Râ die Stangen; denn *mnât*) bedeu-
...tet fraglos auch die Stütze oder den Pfahl und ist dasselbe wie das
...arabische nabbût, der starke und lange Holzstock in der Hand der
...Kahire, der Führer etc., der zugleich als Stütze und Waffe dient und
...der auch auf altaegyptischen Bildern häufig begegnet. Wir finden
...ihn in der Hand mancher Götter an Stelle des Scepters | sowie
in der der Matrosen, die bei den Jagden auf Krokodile etc. helfen,
der Ortsvorsteher, Aufseher etc. Bei dem Kampfe gibt es ein ge-
waltiges Köpfen. Die Häupter fallen in's Wasser; doch der Gott
weiss sie zu fangen (*ân*) wie Fische und sie den Verwundeten wieder
aufzusetzen. Dies Abschneiden der Köpfe ist etwas sehr häufiges.
Die Gegner der guten Götter kommen oft auch im Todtenbuche
um die Köpfe, und das 𓀀𓊪𓏤 𓈖𓏥 *ḥsq* 𓏏𓊪 *ip sên*, das Abschneiden ihrer Köpfe (Todtenb. 19, 3) ist eine dem Aegyptologen
wohlbekannte Formel. Der Besucher der Königsgräber von Theben begegnet auch an den Grabwänden in den Scenen, welche das Leben in
der Unterwelt darstellen, nicht wenigen auf dem Kopf oder den Füssen
stehenden Gestalten mit abgeschnittenem Haupte. Aber auch das
Wiederaufsetzen der Köpfe kommt mehrfach vor. Nach dem Kampfe
des Set mit dem Horus schlägt der letztere der Isis, die sich des

Überwunden hatte (Plut. Is. u. Os. 19), den ... ..., ursprünglich wohl den Kopf ... ... wird dafür zum Hermes (Thot) mit dem widderköpfigen ... sprünglich aber dem Kuhkopfe versehen. Im Pap. Westcar ... der Zauberer ⌷⌷⌷ ⊤ *Dd-ddi* ... seine Kunst vor dem König ... (Cheops), zu dem ihn der Prinz *Hr du daf* geführt ... dem er abgeschlagene Köpfe wieder aufsetzt, und ... ... Pyramidenerbauern der IV. Dynastie. An unserer Stelle scheint ... der Arzt mit dem Gott zu vergleichen und sich die Fähigkeit ... schreiben, die grössten medicinischen Wunder zu verrichten, d. ... versteht wie weiland die Mährchengestalt des *Dd-ddi* ... abgeschlagen... Köpfe wieder auf die Hälse zu setzen etc. Vielleicht ist auch der ... selbst in der Beschwörung, die ihn dann in der ersten Person ... führen würde, gemeint. Sie, die Beschwörung, hat den Zweck, ... mit Honig vermischten Schildkrötengehirn besonders Heilkraft ... verleihen. —

LVIII, 15. *ki ni dr* ⌣ *teu* ⌷ | 16. *m mrié* 〰

   Anderes zum Vertreiben der Entzündung in den Augen:

   pri in ⁝ *n kpni* ⌷ *nf* ⌣ *ón hr*

   Wachholderbeeren von Kpni (Byblos Gebal) fein zerreiben ...

17. *mu* 〰 *rdo n se* ⌷ *r tr u mrié* 〰 *fi*

   Wasser. Dem Patienten hernach auf seine Augen zu thun,

   r snb-f hr 'aui .

   um ihn gesund zu machen auf der Stelle.

Die Bedeutung von *pri* ⁝ *fon* ⁝ und *'ai* ⋔ ⊙.

⌇ ⁝ ⌷ ⁝ *pert* ⁝ *in* ⁝, die sehr häufig in unserem Papyrus verwandte Beere haben wir schon bei der Behandlung des Kyphi-ceptes Pap. Eb. XCVIII, 12 ff. Zeitschr. 1874 S. 108 für Wachholder-beeren erklärt. Stern gibt im Glossar zu dieser Handschrift die gleiche Übersetzung; H. Brugsch aber widerspricht ihr Zeitschr. 1875 S. 123, indem er sich auf eine Inschrift des Tempels auf der grössen Oase (zeriges?) in der Oasenstadt ☐ ⌇ ... *hbt* a bezieht, welche lautet:

[hieroglyphs]

... *ebe eby* ... *m 'af* ... *m si amuld ets ruf pet* ... *in* ... *aufgestellt wurden seine Thüren in 'af* ☐ ... holz aus den Gegenden des Westens (Libyen), welches sein Name *pr* ... *sen* ... d. h. dessen — des *afholzes* — Name auch ist *pr in* ... Sollte nun LEPSIUS' Vermuthung sich bestätigen, dass *'af* ☐◠ oder ❘, welche man lange Zeit für die Ceder gehalten hat, die Akazie sei, so würde dieser Satz allerdings dahin führen, das *pr in* ... für den Samen einer Akazienart zu halten; doch können wir uns dazu nicht entschliessen. Später werden wir zeigen, wie viele Gründe nöthigen, in *'af* ☐◠ die Ceder oder Cypresse zu sehen. Was LEPSIUS bestimmte (Zeitschr. 1874 S. 73), *'af* für die Akazie zu erklären, ist der Umstand, dass sein Name oft mit der Schote ❘ determiniert wird; doch ist dieser Grund keineswegs entscheidend, da das Zeichen ❘ für sich und mit den Complementen [hieroglyphs] *nim* gelesen wird und wie das kopt. ΝΟΥϪΜ angenehm süss bedeutet. Als Determinativ hinter *'af* ◠◡ oder *'af* ☐◠ kann es recht wohl auf die Annehmlichkeit des Duftes der Ceder deuten, die das ◠ zu den riechenden oder importierten Pflanzen weist. In unserem Pap. wird weder *'af*, noch *arte* ... die Bohne, für die doch Schoten charakteristisch sind, mit ❘ determiniert. Dennoch schliesst BRUGSCH sich LEPSIUS an und sagt Zeitschr. 1875 S. 123: »Cedern wachsen nicht in den Oasen der libyschen Wüste, wohl aber Akazien (Reste des Holzes dieser Baumgattung fand Professor ASCHERSON in einem Tempel verhaut vor) und zwar eine besondere Art der Acacia nilotica, welche den obigen Namen (*'af* ☐◠) führte«. Da nun der genannte treffliche Botaniker Stückchen und keineswegs Thüren vom Holz der Nilakazie im Tempel der grossen Oase fand und für *'af* ☐◠ oder *'af* ☐❘

---

86) Es ist dazu fraglich, ob ◠ — ◠ darstellen soll oder ❘.

... ... libyschen Boden, in der Oase wachsend bezeichnet wird ... die Akazie, nicht aber die Ceder vom Libanon ... ... Wüste gedeiht, werden wir zu untersuchen haben, ob ... ... ihm gleichgestellte prt ... jen ... Pflanze nicht ... ... kann als die Ceder vom Libanon oder die Akazie ... glauben diese Frage bejahen zu sollen und erklären vorweg ... schon hier, dass wir prt ... den ... für Wachholderbeeren ... und den Baum gleichen Namens, den die oben mitgetheilte ... Oaseninschrift as ... aus dem Westlande oder Li ... nennt, für eine der Wachholder-, Cypressen- ... Thujarten, deren Heimat Nordafrike war. Unsere ... für diese Ansicht sind zahlreich, wir sollten meinen entsch ...

Eretens kann nämlich unter dem auf der Oase erwachsenen dort heimischen libyschen ʿsbaume die Acacia nilotica kaum ... sein, weil diese (auch Mimosa nilotica oder vera genannt) nur ... Senegal bis Aegypten vorkommt (Lmus Botanik S. 367 § 274), ... prt ... jen ... aber, das ihr gleichgesetzt wird, aus Kpas ... herge werden soll, einer Stadt, die sicher in Phoenizien gelegen war ... wahrscheinlich das alte Byblos (Gebal) ist. Nun wächst die Mimosa so wenig in Phoenizien wie die Libanon-Ceder auf den Oasen, der phoenizische Wachholder (Juniperus phoenices) ist aber eine beson dere Art dieser Pflanze, die nach Lmus (Botanik S. 194 f. § 58 ...) rothe, sehr aromatische Beeren hat, die in allen Theilen des Orients sowie in Griechenland statt unserer schwarzen Wachholderbeeren im Haushalte wie in der Apotheke gebraucht werden. Sie liefert ... das harzige Wachholderholzöl oder Kadeöl (oleum cadinum). Hiermit wäre noch immer nicht klargelegt, warum man den prt ... jen ... baum dem libyschen ʿsbaum von der Oase gleichsetzen konnte; doch auch dieser Umstand findet seine Erklärung. Die Alten rechneten nämlich den Wachholder zu den Cedern. Bei Dioscorides wird z. B. die spanische Wachholder (Juniperus oxycedrus) κέδρος μικρα genannt und das kostbare Thuja (θυία) holz, das einem Baume entstammte, den die Römer auch citrus nannten, die Cedrus mauritanica und atlan tica, war ein nordafricanischer Baum. Wegen seiner schönen Wurzel

... wurde sein Holz zur Verfertigung von Luxusmöbeln und besonders von Tischplatten so hoch geschätzt, dass z. B. Cicero bei nahe 100,000 Mark für eine einzige bezahlte. Plinius hist. nat. 8, 1. 13, 15, 16 und 30 weiss viel von diesem kostbaren Holze zu erzählen, das aber trotz seines Nebennamens »citrus« gewiss nicht für unser Citronenholz gehalten werden darf. Diese Thujaart ist keineswegs der von der Oaseninschrift *aś* 〇 ☧ oder *prt* 〇 *tn* 〇 genannte Baum, doch wahrscheinlich der Cypressen- oder rothbeerige Wachholder, Juniperus phoenicea L., und der Griechen μεγάλη ἄρκευθος, grosser Wachholder, dessen Holz verbrannt wird und der Cypresse sehr ähnlich sieht. Schon Dioscorides I, 103 fand ihn ἐμφερὴς κυπαρίσσῳ, cypresso similis, und Sprengel zeigte zu Dioscor. I, S. 387, dass die κέδρος der Alten gleich sei dem juniperus phoenicea L. Theophrast unterscheidet ἄρκευθος und κέδρος, doch lässt er jenen, den Wachholder, auch aus Phoenizien stammen. Amor soll aus Cypressenholz seine Pfeile geschnitzt haben, und es war auch von besonderer Schönheit, Festigkeit und leicht polierbar. Seiner Dauerhaftigkeit wegen empfahl es Plutarch, um alle Gesetze darauf niederzuschreiben, man baute daraus am Mittelmeer viele Schiffe, und dass es sich vorzüglich zur Herstellung von schönen Tempelthüren eignete, unterliegt keiner Frage. Die Notiz, dass alle Mumiensärge daraus verfertigt worden seien, ist falsch; doch besitzen wir selbst den hübsch geschnitzten Deckel eines Kästchens mit einem Löwenkopfe, der nach der Bestimmung des Botanikers Lankester zu Jena aus dem Holz der Cypresse besteht. Von gleichem Material sind auch andere aegyptische Alterthümer, und wie die Cypresse, so wächst auch juniperus phoenicea auf nordafricanischem Boden. Die Oaseninschrift bezeichnet den *aś* 〇 |, das dem *prt* 〇 *ben* 〇 gleich sein soll, als das aus dem Westlande; wäre also *aś* 〇 ☧ ohne nähere Bestimmung gleich der mimosa vera oder nilotica, müsste man doch in der aus Libyen eine besondere Art der Akazie erkennen. Von einer solchen fand Prof. Ascherson, wie oben erwähnt ward, Holzreste, doch fragt es sich, ob die Aegypter im Stande waren, die feinen Divergenzen aufzufassen, welche die Mimosa vera der Oase von der, die am Nil wächst, unterscheiden. Dagegen wird bei Dioscorides I, 103 der Wachholder (ἄρκευθος) von den Aegyptern λιβιούμ genannt, und dies »Libium«

Die ersteren kommen nie als aegyptische und immer nur als ausländische Bäume vor, und schon Chabas erkannte in ihnen die cedr. בהר. ???, die zweiten aber können nimmermehr die Nilakazie sein, welche weder besonders hoch wird, noch überhaupt in Syrien gedeiht, wohl aber die ihrer Höhe wegen so berühmte Ceder des Libanon. Sehr passend wird diese mit der Eiche als ein den Himmel erreichender Baum zusammengestellt, während Eiche und Nilakazie sich in Palästina garnicht zusammenfanden.

Halten wir das *ʿš* ohne nähere Bestimmung für die Ceder, das libysche *ʿš* aber, das dem *prt ḥn* gleich ist, für juniperus phoenicea, eine in Nordafrica wie in Phoenizien vorkommende Pflanze, so ist Alles erklärt, auch wird niemand leugnen, dass man weit eher den Wachholder mit seinen runden Beeren, als die Nilakazie mit den länglichen Kernen in den Schalen Fischeierbaum nennen konnte, und doch weist Brugsch selbst auf Stellen hin[67], aus denen wir ersehen, dass die *pr-ḥn*-Pflanze auch das *Nar* fischeier-Holz genannt ward. In den Kyphi-recepten heisst es nämlich ??? *Nar* fischeier wird genannt das holzige *pr ḥn* ???. Wer die Beeren des juniperus phoenicea gesehen hat, der wird zugeben, dass sie den Eiern eines grossen Fisches so gleich sehen, wie dies keineswegs von den Kernen der mimosa nilotica oder vera ausgesagt werden

---

[67] Zeitschr. 1875 S. 123.

kann. Prüfen wir nun die Kyphirecepte, von denen noch unser Papyrus eins enthält[88]), so finden wir weder in den Verordnungen, welche die aegyptischen Texte, noch in denen, welche die Griechen aufbewahrten, eine Drogue erwähnt, die man für Akazientheile halten dürfte, wohl aber bei diesen wie jenen Wachholderbeeren, wenn man *prt* 🔲 *śn* 🔲 für solche halten darf. Dazu bemerken wir, dass

prt 🔲 (Hieroglyphen) mag es dem kopt. eⲗⲃⲓ, Plur. eⲗⲃⲏⲧⲉ, Beeren entsprechen (?) oder nicht, jedenfalls Samen oder Beeren zu übersetzen ist, und *śn*, das immer mit der Locke 🔲 geschrieben wird, in altaegyptischen Texten aus jeder Zeit das Haar, die Locke und das Krause bedeutet. Wer Wachholdersträucher kennt, der wird gern zugeben, dass es wohl angehen würde, sie auf Deutsch in poetischer Sprache »krausen Wachholder« zu nennen. Das kopt. ϣⲉⲣϣⲏⲟⲩⲧ, ϣⲉⲣϣⲏⲉⲣ coriandrum sativum in *pr* 🔲 *śn* 🔲 zu sehen, scheint uns schon wegen des ⌇, womit das *śn* oft determiniert wird, und das stets auf holzige Pflanzen weist, unmöglich; auch ist wohl kaum etwas anderes als das *prt* 🔲 des Pap. Ebers LXXX, 5 und 10 etc. der Vorgänger des koptischen ϣⲉⲣϣⲏⲟⲩⲧ. Da ferner *pr śn* auch dem *aś*baume aus Libyen gleichgesetzt wird, kann man es nie und nimmer für den Coriander halten, diese Gewürzpflanze, die bei uns als Sommergewächs kultiviert wird und deren oben ästiger Stengel glatt und kahl ist wie die ganze Pflanze. Ihre Früchte kennt jeder; denn sie sind die Aniskügelchen, die unsere Bäcker gebrauchen und die sicher nicht zum Verbranntwerden und als Räucherungsmittel taugen. Nach Dioscorides hätten die Aegypter den Coriander ὄχιον genannt. Dass davon, und zwar in der Bedeutung von Coriandersamen, ϣⲉⲣϣⲏⲟⲩⲧ — Ber — ochion herkommen sollte, will uns keineswegs wahrscheinlich dünken. In den griechischen Kyphirecepten wird κόριον oder κορίαννον (Coriander) ebensowenig erwähnt wie Akazienkörner; Wachholder aber, wie gesagt, in allen. *Prt* 🔲 Beeren oder Samen werden im Pap. Ebers von vielen Pflanzen verordnet, *prt* 🔲 *śn* 🔲 aber am häufigsten. Diese

---

88) Behandelt und übersetzt von uns Zeitschr. 1874 S. 106 ff.

Wir bleibt uns noch übrig zu betrachten, daß erst eine
Art, welche Cypresse erkannten, denn
die man sehr ähnliche Cypresse erkannten, denn
soll, in der That, wo er ohne nähere Bezeichnung vor
Ceder bedeutet, und wir glauben diese Frage, des
Collegen auffordern zu sollen, von der Gepflogenheit
𓇶 die Akazie zu übersetzen.

Des Dr. Moldenke schon mehrfach erwähnte Stra...
nation enthebt uns der Mühe, die Geschichte der Deutungen
zu wiederholen. Chabas und de Horrack hatten schon
in ihm erkannt, und de Rougé's Übersetzung »Akazie« war
ihre guten Argumente zweifelhaft geworden. Brugsch
schlossen sich ihrer Erklärung gleichfalls an, bis die
Oaseninschrift Lepsius veranlasste für die Akazie zu er
die Libanonceder nicht in Libyen vorkomme, und auch
mit der Schote determinirt werde. Diese nun — wir
es — scheint ihm auf die Schoten tragende Akazie zu weisen
sie wahrscheinlich blos auf den angenehmen Duft des sonst
als angenehm riechend bezeichneten Baumes deutet
schloss sich Lepsius in dem oben angeführten Aufsatze an
es, dass wir später ganz allgemein in Deutschland, Frankreich
England, die Akazie übersetzen
Nun verbietet — wir meinen es erwiesen zu haben — der
Umstand, dass nach der Oaseninschrift der libysche
gleichgesetzt und im Pap. Ebers prt fa
Phönizien verordnet wird, für die Akazie zu halten
die einzige Art dieses Baumes, die hier gemeint sein könnte
vera oder nilotica, in Phönizien nur als Fremdling vorkommt.
Gründe, die zum Theil schon von Chabas und de Horrack
worden sind, und die Dr. Moldenke zusammenfasste, können
uns in der Ansicht sei die Ceder und
Westlande ein der Ceder verwandter Baum zu bestärken

jüngster Zeit ist auch unser in diesem Dinge besonders bewanderter
Freund J. Dümichen zu der alten scharfsinnigen Chabas' schen Erklärung zurückgekehrt. Schon der Umstand, dass das so häufig erwähnte aš-holz fast überall, wo ihm eine nähere Bestimmung folgt,
als echt oder aus dem Auslande stammend bezeichnet wird, hindert
uns, es für das am Nil heimische Akazienholz zu halten, von dem
unechte Sorten kaum denkbar sind. Gegenüber der Ceder verhielt
es sich anders. Die echte war wohl die vom Libanon oder aus
Asien, — die aus dem »Westlande« der Oaseninschrift die Cypresse
oder juniperus phoenicea, wird wohl die unechte gewesen sein. Es
widersteht uns, C. Piehl's[69]) fleissige Zusammenstellung der Gegen-
stände zu wiederholen, die man aus aš-holz zu verfertigen pflegte,
und was von denselben den Tempeln durch den Pharao verehrt
werden sollte. Die ersteren, von denen wir eine lange Liste aus
verschiedenen Zeiten und Orten notierten, waren meistens fein, mit
Einlagen geschmückt und theils so beschaffen, dass sie kaum aus
Akazienholz bestehen konnten. Besonders schwer ist dies von den
vor den Tempelthoren aufgestellten schlanken Masten zu glauben, für
deren Herstellung die mässig hohen, selten ganz geraden Stämme
der mimosa nilotica wenig geeignet gewesen wären, während der
hochragende Stamm der Ceder auf's Beste für dergleichen passte. Wenn
die Thore als »schön« bezeichnet werden, müssen sie gewöhnlich von
aš-holz sein. ░░░ seine schönen Thore von aš-
holz (Zeitschr. 1875, Taf. II. Z. 35) kehrt in zahlreichen ähnlichen
Schreibungen wieder. Die palästinischen Eichen und aš ░ bäume,
welche den Himmel erreichen, des Pap. Anast. I., 19, 2 wurden
schon oben erwähnt. Für den Bau gewöhnlicher Nilschiffe verwandte
man die Akazie; doch hat schon de Horrack erwiesen, dass die
Pracht- und Festschiffe nicht aus Akazien-, wohl aber aus aš oder
Cedernholz bestanden. Zu Gunsten seiner Meinung führt er einen
Satz vom lateranischen Obelisken zu Rom an, aus dem hervorgeht,
dass Thutmosis III. die grosse Festbarke des Amon von Theben
aus echtem aš-holz herstellte, welches er fällen liess ḫr ꜣt R̥χ
░░ im Lande R̥χ, (nicht statt rôn) das keinenfalls einen Theil

---

69) C. Piehl, Glossar zum Pap. Harris I.

... die Griechische erhalten ... in ...
... Aegypten. Aber freilich die ...
... sind die Fremdlinge vereinzelt und in ...
... Exemplaren vor ab in der Heimat ...
... Importieren sollen, da sie im Nilthal sehr viel ...
schöner gedieh. Unsere Akazie, die jetzt auch in ...
ist ein aus Amerika importierter Baum. In den ...
ist häufig angegeben, dass die Thüren aus ... bestehen
ob ... genannt wird[70]). Findet die Provenienz sich ...
wird Aegypten, wo die Ceder vom Libanon garnicht, die ...
aber um so besser fortkam, niemals genannt, dagegen aber ...
oder die andere Landschaft, die man zwar nicht näher ...
kann[71]), die aber immer nur in Asien zu suchen ist.

Dazu haben wir ja in ⌻ ... ⌻ *šndt* (mit ⌻ ...
sicher die Nilakazie, mimosa nilotica, deren Namen sich ...
... *šnṯ* und seinem Nachkömmling, dem ...
»Sunt« recht wohl erhielt. Diese kam schon im alten ...
der Baum vor, von dem man, entsprechend der Beschreibung
Herodot. (II, 90), die Lastschiffe in Aegypten baute. Als ...
Charakterbaum des Nilthales wird er in den Nomenlisten ...
verschiedenen Gauen 24 mal als heiliger Baum genannt, während
den nämlichen Listen der ʿaš-baum kein einziges mal vorkommt.
ʿaš nur ein anderer Name für *šndt* ... gewesen, so hätte
einer oder der anderen Stelle der Listen erwähnt werden ...
zumal man keineswegs streng an einer bestimmten Schreibung

---

70) Schon unter Thutmosis III. (18. Dyn.) wird eine grosse Thür ...
ms m ʿaš ☐☐☐ *ma bk* ... *m nb* ... hergestellt aus ʿaš-holz, ...
Gold. Mariette Karnak XV, 21. Zu solcher kostbaren Auszierung wird das ...
auch anderwärts erlesen, und es muss schon darum aber das Cedern- ...
in jeder Hinsicht geringere Akazienholz sein.

71) Dies gilt auch von der *ḫbd*-Heimat *Dfrr*.

Pap. Ebers in der Form [hieroglyphs] hält es vollkommen für richtig. Den Consonanten im Anlang seiner zweiten Silbe lässt er zuweilen aus d, [schlecht] a, und [all?] zuweilen. Gestattet man aber bei der orthographischen Wiedergabe seines Namens so grosse Willkür, war es wohl auch erlaubt gewesen ihn bei dem Namen [hieroglyph] zu nennen, wenn dieser nur wie *hetет* [hieroglyph] (Pap. Harris) die Nilakazie bezeichnet hatte. Auffallend wäre es ferner, wenn der Gartenfreund [hieroglyphs] *ánná* [hieroglyph], der dem Nachkommen die Namen und Zahl der Bäume nennt, die er auf seinem Anwesen gepflanzt und gepflegt hatte, (es waren 20 Arten) die Nilakazie vergessen hätte. Von dem Wachholder, den er [hieroglyphs] Holz der Locke oder Krausholz (S. S. 215 (143)) nennt, besass er 3 Exemplare. 90 Sykomoren, 31 Persea?bäume, 170 Dattelpalmen, 120 Dûmpalmen etc. grünten in seinem Garten, und so muss wohl auch die Nilakazie darin gestanden haben. Wir möchten den [hieroglyph] oder Schotenbaum, von dem er 16 Exemplare besass, für dieselbe halten. Dass eine Vergleichung der Texte von Dendera und Edfu die Variante [hieroglyphs] zeigt, hindert uns nicht an dieser Bestimmung, die wir an einer andern Stelle zu begründen gedenken. Es kommen in den erwähnten [...]tempeln [hieroglyph] *prt* [hieroglyph] d. h. Körner von derselben vor. Der [hieroglyph] baum wird als fremdländischer, der in Aegypten nicht vorkam, auch im Grabe des Ánná nicht erwähnt.

Der Verfasser des Pap. Ebers verschreibt vom *åf* [hieroglyph] baum das *åf* [hieroglyph] (Fett oder Harz) für den Kopf XLVIII, 12 und die Drüsen am Halse LII, 14. Die [hieroglyph] *zp s åf* werden verordnet XLVI, 13. 14 gegen die böse *åáa* [hieroglyph] krankheit in einem Mittel, das der Gott Ra für sich selbst bereitet, und LXXVII, 21 gegen kranke Zehen; und sie bedeuten wohl »Feilspähne« S. 225, (93). Das Holz des *åf*baumes hilft mit Milch zerrieben gegen Schorf, nachdem er abgefallen ist; das *ust* [hieroglyph] oder [hieroglyph] des *åf* [hieroglyph] baumes, d. s. die Spähne, die man durch Sägen oder Feilen seines Holzes gewinnt, werden LXXVI, 6 gegen Blutbeulen (Nest des Blutes), LXXXIII, 4: in einer

... als Medicament verordnet, schwerlich sein Gipfel sein, wohl dagegen die Spitze der Zweige; denn an die Zapfen ist kaum denken, weil ausser vom *ašbaru* auch von den [...] *rut* [...] das *še* verordnet wird, und *rut* [...] eine [...] riechende Pflanze ist (XXI, 15), die kaum etwas anderes [...] kann als unser Calmus.

Überblicken wir diese Verwendung des *aš* [...] so müssen wir zunächst bemerken, dass das *ašd* desselben wahrscheinlich jenes Cederöl ist, womit schon die Alten Holz bestrichen, es gegen Wurmfrass zu schützen und das von den Aegyptern [...] Zweck der Balsamierung der Mumien fleissig benutzt ward, wissen wir durch die Alten (Herod. II, 87); Czermak fand aber [...] bei der Untersuchung zweier prager Mumien, dass man das Siebbein der Nase des Leichnams zersprengt hatte, um durch dasselbe Ceder-öl, das sich in getrocknetem Zustand vorfand, in den Schädel [...] spritzen. Akazienöl hat sich nirgends in balsamierten Leichen gefunden. Was der Pharmaceut von der Mimosa vera oder [...] benutzt, ist nur das Gummi und der Gummischleim (mucilago gummi Mimosae) sowie der succus acaciae verae, ein aus den unreifen Früchten bereiteter, tonisch adstringierender Extract, der aber nie und nimmer Akazienfett genannt werden konnte. Ebensowenig lassen sich Akazien-spähne als Medizin denken. Ausser diesen Theilen oder Producten der Ceder begegnet uns auch das [hieroglyphs] *katt nt ka* [...] oder Cederöl (auf zahlreichen Opferlisten), das zu den hochgeschätzten Naturproducten gehörte, die man »Ausflüsse des Auges der Gottheit« später sogar »das Auge des Horus« nannte und den Göttern dar-brachte. Es blieben Altäre — die schönsten sahen wir im Museum zu Bulaq — mit den Vertiefungen erhalten, in welche man die Sub-[...] goss, deren Geruch den Nasen der Götter genehm war.

Was das Cederol bei der Mumisierung der Leichen eine so große Rolle spiele, sollen es nach Dioscorides einige adis Leben der Todten genannt haben, und man sagte ihm nach, dass es belebte Körper zerstöre, verstorbene aber erhalte. Dennoch ward es als Medicament benutzt, und wir hören Dioscorides sagen, dass man es den Mitteln gegen Augenkrankheiten beigebe, da man durch Salbung durch die Schärfe des Gesichtssinnes stärke und die Leukome und vernarbten Wunden (οὐλάς) im Auge heile. Hier scheint Dioscorides, wie auch Sprengel vermuthet, unter κέδρος nicht die Ceder vom Libanon zu verstehen, sondern juniperus phoenicea [71]. Diese Wachholderart erkannten wir schon in dem *ꜥš* des Westlandes, das auf der Oaseninschrift dem *prt šn* gleichgesetzt wird, — und so erklärt es sich, dass wir von der Libanonceder nichts, wohl aber an unserer Stelle *prt šn* gegen Augenleiden verordnet werden sehen.

Neben *ꜥš* hat L. Stern auch ⎮⎠ ⎯ , *sbt* , *sabt* für die Ceder erklärt und mit dem kopt. ⲕⲓⲥⲉ, ⲕⲓϣ cedrus zusammengebracht; doch jedenfalls irrthümlich; denn statt dem *yrn sbt* das er 4 mal nennt, muss es überall heissen ☐⎯⎮⎠⎯ *xt n kbt.* Der Umstand, dass ein Strich durch das Ende des hieratischen *k* ging, veranlasste ihn ⎯ für ⎯ zu halten, doch zeigt uns XX, 2 ganz deutlich *›n kbt‹*. Der Strich durch die Spitze des *k* ist der zu ⎯ gehörende. *sbt* und *yrn* sind also zu streichen.

So haben wir denn in *prt šn* eine Wachholderart, wahrscheinlich juniperus phoenicea L. zu sehen. *ꜥš* oder *ꜥš* ist nicht die Nilakazie, mimosa vera oder nilotica, sondern die Ceder vom Libanon. *ꜥš* des Westlandes ist gleich dem *prt šn* juniperus phoenicea [71]) oder der dieser Pflanze ähnlichen Cypresse. Wenn Mollenke auch in *prt* , *šn* ☐ ⎯

---

71) Der Scholiast zu Nicander Theriac. V, 584 sagt: ἄρκευθος (ἀρκευθίς) δὲ καλεῖται ὁ καρπὸς τῆς κέδρου, ἐπεὶ καὶ αὐτὸ τὸ δένδρον ἄρκευθος λέγεται. Arkeuthos (Wachholder) heisst die Frucht der Ceder, wie denn auch dieser Baum arkeuthos (Wachholder) genannt wird.

72) Wächst nach Braun (Assyrien) nicht mehr in Aegypten.

LVIII, 17. m:

    ein anderes:

18. *iúba* ⟨ [m] ⟩ *n ugoyt* [n] *nt* [n] Teig von der Kinnlade einen Knels vermischt mit

19. *mu gbu* ~~~ *rdš n so* *r má* [m] kühlem Wasser zu thun dem Patienten auf sein ... rand?

    r snb-f hr 20. *snb*

    (Schläfe?) um ihn gesund zu machen 20. auf den ...

---

74) LXIII, 10 *tön* ⟨ vom Schenkel (eines Thieres), LXXVII, 17 ... ⟩ Rindes (auch ⟨ determinirt), ist gewis Talg oder Unschlitt.

75) ⲟⲧⲟⲩⲗ, ⲟⲧⲟⲟⲉ maxilla.

76) B. *m*, S. *ene* asinus.

77) *Symax os nasi vel frontis*. Die Behauptung, ... sei die Schläfe ... ist durch viele Beispiele zu belegen. ... *má* bedeutet aber auch (mit und ... den Rand z. B. des ~~~ *še* d. i. des Sees oder stehenden Wassers. Wie ... das Ufer als »Lippe«, so kann es auch als Rand — wie der des Auges — ... Teiches aufgefasst werden. Man denke an unser »des Baches Rand«. Wegen ... schnellen Heilung, die in Aussicht gestellt wird, waren wir zuerst geneigt, ... für das Exzema oder die Hitzblattern zu halten; doch wird es wohl bei ... Rand (des Auges) bleiben müssen. Man bedenke, dass wir es mit dem ent... deten Sehorgan und seinem gerötheten Rand zu thun haben. Mit der gestohlenen ... Übersetzung »Schläfe« begnügten wir uns nicht; denn wir werden gleich sehen, ... dass auch das *má* zu den kranken Theilen des Auges gehört.

Anderes für den Rand der Augen (und vielleicht auch
der Lippe), Blepharitis. Entzündung des Lidrandes, Herpes?

Chelidonium majus zerstossen mit kaltem Wasser.

21. ...

dem Patienten auf den (entzündeten) Augenrand thun, um
ihn gesund zu machen auf der Stelle.

Ein anderes: Zahn des 22. Esels vermischen

mit Wasser, dem Patienten auf seinen (entzündeten) Augen-
Rand thun, um ihn gesund zu machen

auf der Stelle.

---

78) S. 231 (99) A. 50 zu LVII, 12. Nach Dioscorides sollen auch Kataplasmen
mit Wein und der Wurzel des Chelidonium majus ἕρπητας heilen. Herpes,
eigentlich Kriechendes von ἕρπειν, kommt auch an den Augen vor. Hirschsprung
erwähnt z. B. Herpes corneae, wo Gruppen von wasserhellen Bläschen (bis zu
einem Dutzend und mehr) unter entzündlichen Erscheinungen öfter zusammen mit
Herpes labialis und auch mit der Entzündung der Athmungswerkzeuge sich bilden.
Unser ... bezieht sich vielleicht auf den Rand der Augen und Lippen, die
zugleich Herpes zeigen, welche mit Chelidonium majus curirt werden soll. Es ist
unser gemeines Schöllkraut, dessen Goldwurz genannte giftige Wurzel am reichlichsten mit dem gelben Farbstoff dieser Pflanze versehen ist. Mit dem Crocus hat
sie nichts gemein, als dass beide zeitig vorkommen (das Chelidonium dankt seinen
Namen den Schwalben, bei deren Ankunft es sich zeigt) und aus beiden Heilmitteln gelbe Farbstoffe gewonnen werden. Beim Chelidonium enthält letzteren,
wie gesagt, am reichlichsten die Wurzel, beim Crocus die Narben. Diese werden
mit einem Theile des Griffels ausgezogen, getrocknet und kommen unter dem wohl-
bekannten Namen «Safran» in den Handel. Bei Dioscor. I, 23 wird auch Crocus
zu den Augenmitteln gezählt und gegen Erysipelas (Rose) und Fluss der Augen
und Ohren verordnet (καὶ πρὸς ἐρυσιπελατῶν ὀφθαλμῶν καὶ ὤτων). Aber auch
nicht an unseren Rheumatismus gedacht werden. Es ist uns schwer geworden
zwischen Chelidonium majus und crocus die Wahl zu treffen.

Anderes zum Vertreiben des Kephalit ... die Pterygion (Lidzucken?).

Das ... bedeutet näher die Krokodilkrankheit, ... das Krokodil und das Determinativ ... mit einer Leiden ihres Namens in ihm haben ... es in einer Schreibung vor, welche die Richtigkeit ... bestätigt, denn dort wird *sdt* ..., also mit dem Krokodil ... determiniert. Übrigens hatten wir schon längst ... unseres Papyrus ... mit der Bedeutung des Krokodil ... tiert, und in der Beschwörung Pap. Eb. LVII, 21 wird das ... (Ungeheuer) gleichfalls *edu* ... geschrieben. Gewöhnlich ... Krokodil *msh* ..., was dem kopt. ⲉⲙⲥⲁϩ entspricht. Dem ... Ohre des Herodot klang es wie χάμψαι. Unser *edu* ... scheint sehr alter Name für das Krokodil zu sein und ursprünglich ... grimmige, Wüthende« bedeutet zu haben. Schon früher habe ... dazu die Stelle des Horapollon II, 67, die auch Brugsch Wörterbuch, II S. 21 citiert, herangezogen, welche berichtet, dass die Aegypter ein Krokodil schrieben, um ἅρπαγα δὲ ἢ πολύγονον ἢ μανιώδεν ... um einen Räuber, einen Wollüstling (viel Zeugenden) und Rasenden oder Wüthenden zu bezeichnen. In der gegenständlichen, bilderreichen Sprache der Aegypter wird ein Mensch mit grimmigem, wüthendem Sinn krokodilherzig genannt; so in der ehrwürdigsten aller erhaltenen Handschriften, dem Pap. Prisse, wo VI, 1 vor Überhebung und Grausamkeit gegen den Schwachen gewarnt wird ... zwar in folgenden Worten: *m sd* ... *ib-k rf ḥf ḫʿ* ...-*f* nicht krokodilherzig gegen ihn angesichts seiner Schwäche. Krokodil ... ist wohl gewaltthätig, grausam, erbarmungslos. Dass wir ... nicht nur mit einer Krankheit, welche allgemein die wüthende, grausame genannt ward, zu thun haben, sondern mit der »Krokodilkrankheit«, geht wohl auch aus LXIV, 12 hervor, wo Mittel gegen ... Augenkrankheit *sp ro n edu* ..., d. i. Krokodilrachen verordnet werden ... *sp ro* (kopt. ⲧⲁⲡⲣⲟ os oris) bedeutet nur Mund, Maul ... beim Krokodil natürlich der Rachen. Wenn wir das Krokodilleiden und vielleicht auch die Augenkrankheit »Krokodilrachen«, für das Pterygium der Griechen, unser Flügelfell, erklärten, so geschah es ...

In Folge der Bemerkung unseres verehrten Freundes, des Herrn Chirurgen Carl Passon, dass die Haut, welche sich bei der Hornhautkrankheit über den Augapfel zieht, in der That einem Krokodilskopfe recht ähnlich sieht. Ganz unbefangen gemachte Zeichnungen eines solchen und Passons Versicherung, dass das Pterygion in Aegypten besonders kräftig und fächerförmig auftrete, bestärkten uns in dieser Meinung. Hirschmann findet doch, dass das Pterygion noch mit Insektenflügeln die meiste Ähnlichkeit besitze, und die Umrisszeichnungen eines Insektenflügels und Krokodilkopfes im Profil geben einander gleichende Bilder. Ein geflügeltes Insekt stellen die Hieroglyphen so dar ▬▬, den Flügel eines Vogels oder Insektes ▬▬, während der Kopf des Krokodils im Umriss so ◀▬ gezeichnet werden kann.

LXIV, 12 findet sich ein Satz diagnostischen Inhaltes, welcher die Bestimmung des Augenleidens »Krokodilrachen« erleichtert. Es heisst nämlich nach der Überschrift Z. 11: Mittel gegen den Krokodilrachen (tp ro n adu ▬▬) Z. 12:

ir χe-k tp ro n edu ▬▬ gmm-k su χā ⌐⌐

triffst Du den Krokodilrachen, und Du findest ihn

im Stich lassend

auf $\underset{|||}{?}$-f uša šuš (ß ß)-fā

sein Fleisch die gleiche Stellung an seinen beiden
Seiten — so behandle es mit frischem Fleisch
am ersten Tage

oder wenn wir auf $\underset{|||}{?}$ wie ša $\underset{|||}{?}$ als die Glieder in ihrer Gesamtheit, die Gestalt fassen, wie in dem Satze: āus nfr m ša $\underset{|||}{?}$ s sie war schön an ihren Gliedern, an ihrer Gestalt: »Triffst Du den Krokodilrachen (das Pterygion) und Du findest es so, dass seine Gestalt an seinen beiden Seiten die Symmetrie verlor, so mache ihm am ersten Tage Umschläge mit frischem Fleische. Diese Diagnose liesse sich wohl auch auf den Lidrandkrebs beziehen, den Cancroid, bei welchem Fleisch verloren geht, und bei dessen Umsichgreifen dasselbe also seine gleichmässige Stellung an beiden Stellen verliert. Dennoch bleiben wir bei der Übersetzung »Pterygion«. Weiter heisst es nämlich an der-

Die Seite ist stark beschädigt und größtenteils unlesbar.

... wie sind vor ... Fassen ... wie ... Glie...
... so findet unsere Erklärung des Kroko...
... weil das Auge beim Pterygium allerding...
... ein verschiedenes Ansehen gewinnt, und so muss...
... geschlagenen Interpretation bleiben, zumal ja ...
... wurde, dass das Auge nicht aus Fleisch besteh...
... etwas anderes sein, als eines jener pronom...
... welche die gegenständliche aegyptische Sprach...
... des Gesagten brauchte.

12. wird ... Chalcitissalbe gegen das ...
... verordnet, und das gleiche Mittel schlagen ...
... gen vor. Nach diesem beschreibt auch Galen ...
... zu beseitigen bestimmt ist. Mittelst eines ...
... Pferdehaares wird das Flügelfell (aeg. Krokod...
... von der Hornhaut abgesägt; andere aber ...
... tom ab. Über den chirurgischen Eingriff ...
... bei Augenleiden verordnet, s. LXIII. 14 ...
... das Pterygion.

1 Ro

1 Ro

1 Ro

2. *rde m ẖnw* ⟨⟩ *mrt* ⟨⟩.

in das Innere des Auges thun.

ki pẖ dr ⟨⟩ *ššw* ⸰|

Anderes zum Vertreiben der Entzündungen

ee ⸰||| *qmʿ* ⟍ *rde ḥr* 3. *mn* ⸰

Oberaegyptische Natronart[79]. In 3. Quellwasser zu geben,

rde m mrt ⟨⟩ *r snb-f*

und in das Auge zu thun, um ihn zu heilen.

ki pẖ dr ⟨⟩ *ẖnt* ⟨⟩ [80] *m mrt* ⟨⟩

Ein anderes zum Vertreiben einer Geschwulst an den Augen.
Lidabscess.

4. *msdm-t* ⸰|||	⅟₃₂ D.
Stibium	
snn ⸰|||	⅟₁₆ D.
Opalharzkörner?[81])	

---

79) Begegnete uns schon LVI, 2 und LVII, 3. Es kann hier nichts anderes als das Natron oder der Salpeter von ⸰ *Nẖb*, d. h. das heutige el-Kab gemeint sein. Die von DÜMICHEN publicirten Laboratoriontexte von Edfu verbieten an etwas anderes zu denken.

80) ⸰ *ẖnt* ist eigentlich das Hervorragende.

81) ⸰ *snn* ⸰||| ist jedenfalls eine Spezerei, und zwar eine kostbare, weil sie als hervorgehend von Osiris oder aus dem Auge des Osiris bezeichnet wird. Wir bemerkten schon, dass die edelsten Drogen als Ausflüsse der Person des Horus oder Osiris, gewöhnlich aber des Auges dieser Götter, ja sehr oft als ihr Auge selbst bezeichnet werden. Gleiches gilt von kostbaren Steinen und nach einer auch in BRUGSCH's Lexicon citierten Stelle aus DÜMICHEN's hist. Inschr. II, 50, 8, 10 würde der *snn* ⸰ dem Mineral, in dem der letztere gefunden wird, seinem »Lager«, gleich sein. So können wir denn im allgemeinen unserem verehrten Lehrer und Freunde nur beipflichten, doch dürfen wir in unserem besonderen Falle nicht an einen Stein oder an ein Mineral überhaupt, sondern nur an eine Spezerei denken, deren Aussehen vielleicht aufforderte, sie »Opalkörner« oder Opalräucherwerk zu nennen; denn zu dem letzteren, und zwar zu den feineren Sorten desselben gehörte es sicher. Dies geht wiederum aus den von DÜMICHEN mitgetheilten Recepten aus der Ptolemäerzeit hervor, wo wir dem *snn* ⸰||| (hier keinenfalls einem Mineral) unter den *ʿnt*-Harzen begegnen. An der Wand des Laboratoriums von Edfu werden nämlich die 14 Sorten, welche man von dem *ʿnt*-Harze zu verwenden pflegte, der Reihe nach aufgezählt.

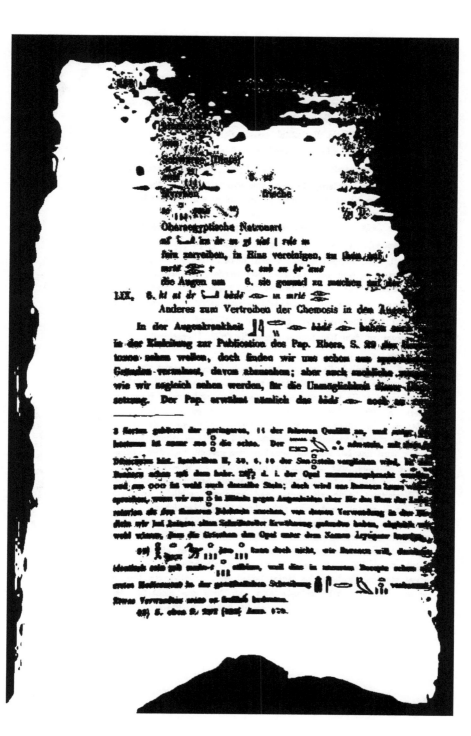

Oberaegyptische Natronart

af ... in dr no gi wlel | rde m

fein zerreiben, in Eins vereinigen, zu thein ...

... r 6. und ... dr 'and

die Augen ... 6. sie gesund zu machen ...

LIX, 5. bt at dr ... bddi ... u mrié ...

Anderes zum Vertreiben der Chemosis in den Augen

In der Augenkrankheit ... bddi ... haben ...

in der Einleitung zur Publication des Pap. Ebers, S. 29 ...

tonn sehen wollen, doch finden wir uns schon ...

Gedanken veranlasst, davon abzusehen; aber ...

wie wir zugleich sehen werden, für die Unmöglichkeit dieser Über-

setzung. Der Pap. erwähnt nämlich das bddi ... noch ...

3 Sorten gehören der geringeren, 11 der höheren Qualität an, und ...
besonnen ist nur no ... die ... Der ... nennt ... mit ...
Dioscorides ... Spochtilon II, 59, 6, 10 der Smaragdstein verglichen wird, ...
Berliner schon seit dem hebr. ... d. i. der Opal zusammengebracht ...
... ist wohl auch derselbe Stein; doch wird uns hiemit ...
geschieht, ... in Mittels gegen Augenleiden aber für den Stein der ...
... als ... Smaragd Bildstein machen, von deren Verwendung in der ...
... wir bei früheren alten Schriftstellern Erwähnung ...
wohl wissen, dass die Griechen den Opal unter dem Namen Aegizuer ...
... kann doch nicht, wie Rossen will, ...
... auch ... ...mals erklären, weil ... in ...rem ...
... Bestimmt in der ...lichen Schreibung ... verbunden ...
Etwas Verwandtes wird es ... bedeuten.
44) S. oben S. 29ff (192f) Anm. 47a.

Stellen, die es ganz entschieden verbieten, weiter an der Gleichung bḏé ⟨⟩ = Gerontoxon festzuhalten; denn erstlich wird nämlich LIX, 22 ein Heilmittel gegen das ṯšṯ, im Auge vorgeschlagen, das wir für φλεγμονή und also für eine bösartige Augenentzündung halten, indem wir ṯšṯ mit dem koptischen ⲣⲟⲕⲣⲉϥ fervor, anders, fervere zusammenbringen. Näheres zu LIX, 22. Die Mittel gegen dies Leiden, sollen nun bei demjenigen angewandt werden, dessen Augen das bḏé haben, (a nti nti ⟨⟩-f hr bḏé ⟨⟩ für den, dessen Augen sich im Zustand bḏé ⟨⟩ befinden). Es wird also für dies und ṯšṯ das Gleiche verordnet. Die Hauptsubstanz in den beiden vorgeschlagenen Recepten ist aber, wie wir LIX, 22 sehen werden, Ricinusblätter, und Dioscorides IV, 161 (164) verordnet diese gegen die beiden Augenkrankheiten, für die wir das bḏé ⟨⟩ und ṯšṯ halten, gegen οἰδήματα = Chemosis und φλεγμόνας. Hierauf haben wir im Commentar zu dem Hauptmittel gegen die ṯšṯ krankheit zurückzukommen.

LX, 19 endlich findet sich eine Beschwörung, welche über ein Mittel gegen den Staar (Cataracta) gesprochen werden soll, und in dieser werden die heilenden Stoffe angerufen, welche das Nass des Eiters und Blutes der ḥetu ⟨⟩ krankheit, das bḏé ⟨⟩ (hier steht bḏé ⟨⟩) die Blindheit oder Blödsichtigkeit (špt ⟨⟩), die Triefäugigkeit etc. zu vertreiben bestimmt sind. Mit all diesen Augenleiden wird das bḏé ⟨⟩ auf gleichen Fuss gestellt, und dies genügt um die Meinung, bḏé ⟨⟩ sei das Gerontoxon, zu widerlegen. Dies auch arcus senilis und Greisenbogen genannte Augenleiden, das eine auf Verfettung beruhende weisse und manchmal gelbliche Kreislinie auf der Hornhaut, und zwar nahe ihrem Rande bezeichnet, kommt gewöhnlich bei alten Leuten vor und ist unschädlich, selbst wenn der Staarschnitt durch sie geführt wird. Das bḏé muss aber eine sehr schlimme Krankheit sein; sonst würde es nicht in der Beschwörung LX, 17 ff. neben den anderen allerbösesten Übeln genannt werden, welche das Mittel heilen soll, worüber die Formel zu sprechen ist. Wir schlagen also vor, bḏé ⟨⟩ nicht für das Gerontoxon, sondern für die Chemosis zu halten, welche nach Aetius

8. ... *hru* ... *gras*
Gänseschmalz auf 4 Tage; doch thut es Noth
... *hu-s m arit* ... *ni mel* ...
dass es gewaschen werde mit der Milch einer ...
ein männliches Kind geboren.

9. *rdc ... r hru m ped ... grhi nt ...*
Lass es trocknen 9 Tage lang, und ist es zerrieben ...
rde bun ○ n 'anté ... hr s uï's
mit Zuthat einer ganzen Kugel Myrrhen.

10. ... *arit ... dm.*

10. so salbe man die Augen damit.
ki nt dr ... edi ... m mri ... ep ... špé,
anderes zum Vertreiben des Pterygiona? im Auge
ersten mal

11. *m ... šut ... -s*
nachdem man es besprochen oder beschworen.
'aft ... nt xprš ... gu ... n 'aft ... ropu
Honig vom Käfer (Käferwachs) oder eine Honigwabe ...

---

24) Stern liest ajm ... und bringt es mit dem kopt. eyogem, ...
eyogem ferure, addere zusammen, und S. eyogem bedeutet allerdings ...
holen. Die Lesung nun entstand dadurch, dass man ... in ..., das ...
holen bedeutet, mit / verwechselte. Durch Berücksichtigung des ...
... Übersetzung.
98) S. Seite 156 (24) N. 46 in dem den Massen gewidmeten Abschnitt ...

12. *rde r s r hru* ⊙ *åfd* ||||
12. 4 Tage lang darauf thun.
snnu || *sp* ⊚:
Zum zweiten mal:
uefu ₁₁₁ ° *hmy* ₁₁₁ °⁸⁶)   ¹/₈
Chalkitissalbe?
msdmt ₁₁₁ °   ¹/₈
Stibium
χt ⌣ *'aue* ₁₁₁ ° 13.   ¹/₈
arab. Holzpulver?
se ₁₁₁ ° *qmìa*   ¹/₈
Oberaegyptische Natronart
nf ⌣ *m χt uat* | *du r s r hru* ⊙ *åfd* ||||
In Eins zerreiben, darauf zu thun auf 4 Tage.
kt: hs ◯ *n hnte* — 14. *su* ⚒ |
Ein anderes: Eidechsendreck
se ₁₁₁ ° *qmìa* ₁₁₁ ° |
Oberaegyptische Natronart
msdmt ₁₁₁ ° |
Stibium
χpr n 'aft ₁₁₁ ° |
Naturhonig
nf ⌣ *m χet* 15. *uat* | |
in Eins 15. zerreiben,
du r mrtë ⬦
und auf die Augen thun

---

86) Von Lepsius (Metalle S. 119) als Kupfer ϩⲟⲙⲧ, ϩⲟⲙⲛⲧ erwiesen.   An
Kupfergrün (Malachit) darf kaum gedacht werden, weil das Aegyptische dafür das
besondere Wort 🦅 ⌒ *måfk* ₁₁₁ ° (fem.) besitzt.   Es wird wohl dasselbe Mineral
bezeichnen, welches Dioscorides χαλχῖτις nennt, und das nach ihm benutzt ward,
um die Augenwinkel zu säubern und in gekochtem Zustande und mit Honig zerrieben zu den besten Mitteln für kranke Augen gehörte.   Unser Recept enthält auch
nur *uetu* ₁₁₁ ° *hmy* ₁₁₁ ° Chalkitis? und Honig.   Bemerkenswerth ist, dass auch Aetius
gegen das Pterygion chalcitis (cadmia) verordnet.

kt: *mnśt* ○ ₁₁₁ |

Ein anderes: Mennige

msdmt ○ ₁₁₁ | *snn* ○ ₁₁₁ |

Stibium   Opalharzkörner?

χpr n 'aft ☉ |

Naturhonig

16. *àr m χt ùat* | *du r mrte* 👁

In Eins verbinden und auf die Augen thun.

kt: *Ueťu ḥmy* ○ ₁₁₁ |

Ein anderes: Chalkitissalbe

'aft ☉ |

Honig

du r 17. *mrtë* 👁 *r hru* ☉ *'afd* ||||

auf die 17. Augen thun 4 Tage lang.

kt:

Ein anderes:

mnśt ○ ₁₁₁ | R.

Mennige

msdmt ○ ₁₁₁ | R.

Stibium

snn ○ ₁₁₁ | R.

Opalharzkörner?

χpr n 'aft ☉ [87] | H.

Naturhonig?

18. *nť* ⬭ *m χt ùat* | *du r mrtë* 👁

zerreiben in Eins und auf die Augen thun

r hru ☉ *àfd* ||||

auf 4 Tage

kt: *mnśt* ○ ₁₁₁ | R.

ein anderes: Mennige

χt 'aue ○ ₁₁₁ | R.

arab. Holzpulver?

---

87) Gewordenes des Honigs.

bá ... & 149. gas ...

Eisen[97]) von 19. Kua[98])

ḥmt

Eine Art Stibium

sulḫ ... mi anu ... [99])

Straussenei

sᵉ ... qma

Oberaegyptische Natronart

nagu ... 20. n ḥmti ... [20])

20. Schwefelpulver?

_____

97) Das bá ... als Eisen ist völlig gesichert. S. Lepsius, Metalle; Chabas, antiquité historique. In dem ... bát ... n pt ... Himmelsbasan, var. ... bâ pe ..., erkannte zuerst S. Birch das kopt. ḥeuue ferrum. Es bedeutet eigentlich das Meteoreisen. Dass es nicht für den Nachfolger von ... mn ..., sondern für den von bâ n pe zu halten sei, bewies gegen Lepsius Dümichen Zeitschr. 1873 S. 49. Ausser dem Meteoreisen kommt auch bá ... n te tellurisches Eisen oder Eisen der Erde vor.

98) ... qeʾ ... ist jedenfalls das kopt. noc und noe ... Apollinopolis parva, das heutige Qûs in Oberaeg., eine Stadt, in der die ziemlich grosse koptische Gemeinde mit ihrem würdigen Bischof an der Spitze, ... den wir kennen lernten, zum Protestantismus überging. Das Eisen von Qeʾ ... ist wohl eher über diese Stadt in den Handel gekommen als daselbst gegraben worden.

99) Die Bedeutung von ... wird festgestellt durch eine geistreiche Bemerkung von C. W. Goodwin, Zeitschr. 1874 S. 37, 1. Die Lesung wird gesichert durch die Varianten ... anu. Auch den Umstand dass das Wort sonst (wie in unserem Pap.) mit ..., dem Klassenzeichen für Quadrupeden, determiniert wird, erklärt Goodwin, indem er auf das griechische στρουθοκάμηλος weist, das ja auch den Strauss als Vogelkameel bezeichnet.

91) ... ist H. L. Mit dem Oberaegyptisch-kopt. ... sulphur, eine Substanz, die auch von Dioscorides V, 123 (125) περὶ θείου als Medicament empfohlen wird, kann ḥmti kaum zusammengebracht werden, da ... eine andere Neubildung durch blosse Absetzung der t als Artikel zu sein scheint. ... hält ... für das griechische θεῖον. Nach Dioscorides soll Schwefeldampf, den man durch die Näschen einführt, Schwerhörigkeit beheben, gegen Husten, innere ...

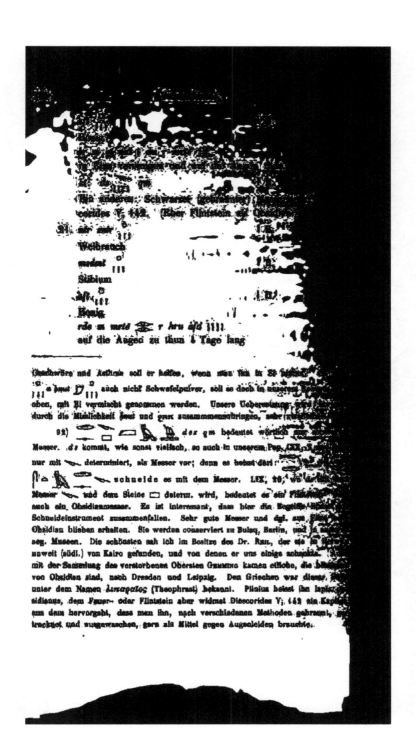

Weihrauch

Stibium

Honig

... auf die Augen zu thun 1 Tage lang

... und Asthma soll er helfen, wenn man ihn in 25 ...
... auch nicht Schwefelpulver, soll es doch in unserem ...
oben, mit Sl vermischt genommen werden. Unsere Uebersetzung ...
durch die Aehnlichkeit ... und ... zusammenzubringen, sehr ...

92) ... des qm bedeutet wörtlich ...
Messer. ... kommt, wie sonst vielfach, so auch in unserem Pap. LXX ...
nur mit ... determiniert, als Messer vor; denn es heisst dort ...
... schneide es mit dem Messer. LIX, 26 ...
Messer ... und dem Steine ... determ. wird, bedeutet es ein Flintstein ...
auch ein Obsidianmesser. Es ist interessant, dass hier die Begriffe ...
Schneideinstrument zusammenfallen. Sehr gute Messer und dgl. aus ...
Obsidian blieben erhalten. Sie werden conserviert zu Bulaq, Berlin, und ...
seg. Museen. Die schönsten sah ich im Besitze des Dr. Ren, der sie ...
unweit (südl.) von Kairo gefunden, und von denen er uns einige schenkte.
mit der Sammlung des verstorbenen Obersten Gramme kamen etliche, die ...
von Obsidian sind, nach Dresden und Leipzig. Den Griechen war dieser ...
unter dem Namen Λιπαραιος (Theophrast) bekannt. Plinius heisst ihn lapis ...
sidianus, dem Fauer- oder Flintstein aber widmet Dioscorides V, 142 ein Kapitel ...
aus dem hervorgeht, dass man ihn, nach verschiedenen Methoden gebrannt, ...
trocknet und ausgewaschen, gern als Mittel gegen Augenleiden brauchte.

M. si 88. *ψ/ρ*. ... ...

audiret gegen 82, die Phlegmone im Auge ...

... O s ist ...

plantischer Thon.

... ...

Blätter des Ricinus

93) ... die unsschriebers wegen der Tierleste ... z. B. Rubris ...

... 2. Die Bedeutung des Wortes ist gewöhnlich Bildsäule und Abbild. Unter ... kbestes Mittel hat man wörtlich zu übersetzen »Thon der Bildsäule«. Dios-corides zählt, ausser dem Sande V, 166, von V, 169 an verschiedene Erdarten auf, welche als Heilmittel dienten, und darunter auch die Ofenerde (ἡ ἐκ τῆς καμίνου γῆ), der dieselbe Wirkung zugeschrieben wird wie dem Salzerden (ἅλμυρα).

94) Der Papyrus lehrt nur, dass kem von der *kukupflanze* gebraucht wurden und dass sie grün waren. LXXIV, 2 werden z. B. die kem ... und z. k. grün genannt.

95) ... *keks* ist sicher die Richuspflanze, ricinus communis L., deren ägyptischer Name Kiki den Griechen (Herodot II, 94, Strabo XVII, 2, 5, Dioscor. IV, 161 [164]) und den Römern (viel., Plinius und Corn. Cels.) wohl be-kannt war. Er wird auch der gemeine Wunderbaum genannt, weil man glaubte, er sei zu Ninive in einer Nacht erwachsen, um dem Propheten Jonas zum Schirme zu dienen. Sonst heisst er auch der *dgm* (nicht *dgm*) baum, was wir schon 1875 bemerkten. REVILLOUT Rev. égyptologique 1881 S. 79—83 und ihm folgend DÜMICHEN in seiner Dissertation S. 120 setzen es ausser Zweifel. Unser Pa-pyrus widmet dem Nutzen dieses Baumes ein eigenes Kapitel XLVII, 73 ff., das als ... bezeichnet wird, da es von ihm heisst, es sei gefunden worden in den alten Schriften über die Weisheit der Menschen. Von dem *keks*, griechisch κίκι, werden hier die Blätter als Mittel für kranke Augen bezeichnet, und zwar durchaus entsprechend dem Dioscorides, der IV, 161 [164] sagt: τὰ δὲ φύλλα, καταπλασθέντα μετὰ πολτάλης ἀλφίτου, ὀφθαλμῶν οἰδήματα καὶ φλεγμονὰς παύει. Die Blätter (des *kiki*) mit dem feinsten Mehl der Gerstengrütze beseitigen die An-schwellungen und Entzündungen der Augen. Nach Aëtius ist *Oedema* genau das-selbe, was die anderen Chemosis nennen (HIRSCHBERG S. 18), und Chemosis soll eine Flüssigkeitsansammlung in der Augenbindehaut (und Übergangsfalte) bedeuten. Von der entzündlichen soll man eine Filtratiouschemosis unterscheiden. ... — auch mit Ricinusblättern zu behandeln — hatte nach Hirschberg S. 94 bei den Alten 3 Bedeutungen: die gewöhnliche Entzündung φλέγμασις, dann eine

[...]

LX. [...]

Zerreiben, in Bier verbinden, mit [...]

Als Hauptmittel gegen die *šfš* [...] krankheit [...] der Zusatz 2, 22 beweist, gegen das [...]leiden, werden [...] oder Ricinusblätter vorgeschlagen, und [...] (s. die Anmerk. 95 zu [...] S. 265) IV, 161 (165), [...] Ricinus (*kiki*) mit dem feinsten Mehl der Gerstengrütze [...] die *oidḗmata* und *phlegmonás* d. s. die Anschwellungen [...] zündungen der Augen. Oben äusserten wir ferner schon (S. [...]) dass [...] unser Recept mit dem des Dioscorides verwandt scheine; denn nur an dieser einzigen Stelle werden im [...] wie von Dioscorides, der sicher aus aegyptischen, und zwar [...] Handschrift sehr ähnlichen, Quellen schöpfte, Ricinusblätter [...] Augenkrankheiten verordnet. Hier und dort sind [...] gegen welche jene vorgeschrieben werden, und das eine [...] scheint wegen des koptischen ϧⲟϧϧⲉϧ, Oberaeg. ϧⲟϧϧ [...] Hitze, dasselbe zu bedeuten wie die Phlegmone der Griechen [...] zweite Krankheit, gegen welche von Dioscorides Ricinusblätter [...] schlagen werden, nennt er *oidḗmata*, und das ist genau dasselbe [...] Chemosis; der kundige Hirschberg versichert es, indem er [...] Aëtius stützt, der unter den alten Augenärzten der klarste; Chemosis aber (*chḗmōsis*), was kaum von *chḗmē* die Gienmuschel herkommt sondern weit eher von dem Namen Aegyptens, das schwarze (kopt. S. ⲕⲏⲙⲉ und B. ⲭⲏⲙⲉ Aegyptus), ist eine entzündliche Flüssigkeitsansammlung in der Augapfelbindehaut. Ja die Chemosis ward von den Griechen so beschrieben, dass man sie für die [...]

brennend, heisse pulsierende Geschwulst und endlich eine ernste Augenentzündung mit Geschwulstbildung. Diese kann recht wohl mit *šfš* [...] gemeint sein, und auch gegen sie werden Ricinusblätter verordnet.

Panophthalmie (Panophthalmitis) oder sogar für die ... halten könnte, deren Namen die Alten noch nicht kannten. Vielleicht war ihnen die Chemosis die »aegyptische Augenkrankheit«. Da der koptische Name der Aegypten ΧΗΜΙ eigentlich »das schwarze« bedeutete, ward davon auch die χημεία, χυμεία, d. i. die schwarze oder aegyptische Kunst (unsere »Chemie«) abgeleitet. Von ganz ähnlicher Bildung könnte, dem griechisch χήμωσις, für die betreffende Augenkrankheit, die man dann »die aegyptische« übersetzen müsste, zu Grunde liegen. Die, wie wir oben sahen, durch die Beschwörung Pap. Eb. LX, 20 als schlimm bezeichnete Augenkrankheit *bâdś* ist aber für uns die Chemosis, der die in unserer Handschrift und bei Dioscorides mit Ricinusblättern zu heilende böse Entzündung, hier φλεγμόνη = φλόγωσις dort *śfśśt* ｏ ̤̤̤ soqseq, d. i. die glühende zur Seite steht. *Bâdś* ☞ halten wir also für Chemosis, die man sich mit Eiter denken muss, *śfśśt* für eine schwere Entzündung. Bei der rein äusserlichen Beobachtungsweise der aegyptischen Aerzte wie des Dioscorides lässt sich eine genauere Bestimmung nicht geben. Was der Pap. sonst über diese Leiden aussagt, lehrt nur, dass gegen *bâdś* ☞ und *śfśśt* ̤̤̤ das gleiche Mittel — Ricinusblätter mit plastischem Thon und Honig — verwandt ward, und dass das *bâdś* ☞ jedenfalls zu den schlimmsten Leiden gehörte. Wir werden die erwähnte Beschwörung des Heilmittels Pap. Eb. LX, 17 ff. auf der folgenden Seite des Pap., unten S. 273 kennen lernen.

LX, 1. *ḳt abe mee*
    anderes zum Öffnen des Gesichtes

2. *mśdmt* ｏ ̤̤̤	⅛ D.
2. Stibium	
ẖt ⌐ *aue* ｏ ̤̤̤	¼ D.
arab. Holzpulver	
ana ｏ ̤̤̤	⅛ D.
Opalharzkörner	
ʿanu ｏ ̤̤̤	1/64 D.
Dinte	
se ｏ ̤̤̤ *gmśa* ＼	1/64 D.
Oberaegyptische Natronart	

3. *'antĕ* ○   ¹/₆₄
    ‖‖‖

3. **Myrrhen**

àr m χet úal | sim ⊂⊃ mrtĕ 👁 àm

in Eins verbinden und die Augen damit salben.

kt nt dr ⌐⌐ ⅄. 'aχt ▭ . nt mu 〰〰 m mrtĕ 👁

Anderes zum Beseitigen ⅄. des sich Breitens des Wassers
über die Augen. d. i. die Cataracta oder der Staar.**⁹⁶)**

χsbd ○ *m'a*   ‖ R.
   ‖‖‖

echter Lapis Lazuli

uel u ○   ‖ R.
    ‖‖‖

Kieselkupfersalbe.

snn ○   ‖ R.
    ‖‖‖

Opalharzkörner

àrtt ○   ‖ R.
    ‖‖‖

Milch

5. *msdumt* ˣ⁾ ○
            ‖‖‖

5. **Stibium.**

te mṣḫu ⟨⟨⟩ ○   ‖ R.
        ‖‖‖

Krokodilerde (Nilschlamm?)

mnuu n ṣbt ○ ˣ⁾   ‖ R.
        ‖‖‖

? einer Art von Räucherwerk oder Weihrauch.

àr m χt 6. úal | du r tr n mrtĕ 👁

In Eins verbinden 6. und hernach auf die Augen thun.

---

96 Die Alten nennen dieses Leiden gewöhnlich γλαύκωσις (γλαύκωμα
oder ὑπόχυσις) d. i. das Darunter-, Dazugiessen. Nach Hirschberg S. 15 haben
die mittelalterlichen lateinisch-barbarischen Übersetzer der aus den Griechen und
— fügen wir hinzu, Kopten — schöpfenden Araber für Hypochysis die Namen
gutta opaca, aqua, cataracta und aquae descensus. Das letztere entspricht
ziemlich genau unserem *'aχt* ▭ *nt mu* 〰〰. Das *'aχt* ▭ hat sich im Koptischen
als S. ϭⲓϫⲉ B. ⲓ̄ϫⲓ. erhalten und bedeutet suspendere, suspendi, imminere.

97 𓅆𓃾𓂝 ○
         ‖‖‖

98) Vielleicht *máuu, mnuu* oder *mátu* zu lesen. ▭ | ○ *ṣbt* ○ hält
                                 ‖‖‖ ‖‖‖
Stern wohl mit Recht für ⲙⲟⲟⲩⲉ. ⲙⲟⲟⲩ thus sive aromatis genus pro suffimento
adhiberi solitum. Jedenfalls kommt es auch als Theil des Räucherwerkes κῦφι
vor. XCVIII. 18.

kt:

ein anderes:

shtt ° |||

shtt ° ||| Körner [99]) | R.

mrḥt ° ||| *st* 🦆 | R.

Gänseschmalz

χpr n 'aft ° ||| | R.

Naturhonig

7. *àr m χt ủat | rde m mrtë* ⊜ *r ḥru àfd* ||||

7. in Eins verbinden und auf die Augen thun 4 Tage lang.

kt:

ein anderes:

msfn ° ||| | R.

msfnkörner?

ueťu ° ||| | R.

Kieselkupfersalbe

pr ⋀ *ḥr* 8. *ϑest* oder *set*〰️*-f* [100]).

Was aus 8. seinem Lande heraustritt. Marieenglas oder Gyps.

neť ⌣ *àr m χt ủat | stm* ⟨⟩ *mrtë* ⊜ *am*.

Zerreiben. In Eins verbinden und die Augen damit salben.

kt nt dr ⌣ *tχn* ⟨⟩ [101] 9. *m mrt* ⟨⟩

Anderes gegen die Verschleierung 9. am Auge (irititische
Affection oder Infiltration der Hornhaut).

---

99) ∩ ⟨ ⌐ ° ° ||| *shtt* ° |||. Es lässt sich von diesem Korn nichts sagen, als
dass XLIV, 16 1/32 Drachme davon genommen werden soll, und es also mit zu
den feineren Substanzen gehört.

100) Diese Drogue — doch wohl eher ein Mineral als eine Pflanze —
⌐⌐ ⋀ ° 🌊 ⌣ »was aus seinem Lande heraustritt« möchten wir für Marieenglas oder Gyps halten, und zwar aus der lebendigen Anschauung des Aegypten
benachbarten Wüstenlandes heraus, wo Marieenglas wie Gyps in der That aus dem
Boden hervortritt als habe es in ihm geruht und den Ausweg ins Freie gefunden. Im Pap. Eb. ist es H. L. Den Gyps sehen wir in ähnlicher Weise bei
Blankenburg in Thüringen aus rothem Boden hervortreten.

101) S. 208 (76) A. 18 zu LVI, 6.

šeše o ps 〇
    | R.
šešeFrucht oder Kern??[102]) Gekocht.

t'ert o
    | R.
Zwiebeln?

'aft o
    | R.
Honig

nt' 'an

fein zerreiben

seeu 〇 10. m *ḫbs* 〇 | ut 〇 *mrt* 〇 *ḥr-s ntë*

in Zeug 10. bewahren, das Auge damit verbinden, das von

tχn 〇 [103]) s'ë *ḥr tr n mrtë* 〇

der Verschleierung ergriffen. (Thun) hernach auf die Augen.

kt ut dr 〇 11. *sḫt'u* 〇[104] *m mrt* 〇

Anderes zum Vertreiben 11. des Albugo im Auge

met □ *nt'* 〇 *'an nqt* 〇 *m ḫbs* 〇 *ḥn'a*

Glaskopf oder Haematit? fein zerrieben, in Zeug pressen und

pnn 〇 st r *mrtë* 〇

es auf die Augen legen.

12. *kt rrt* o *ut dr* 〇 *nḫet* 〇 *m mrtë* 〇

12. Ein anderes Mittel zum Vertreiben des Ectropiums oder
Entropiums (LVII, 10) an•den Augen.

àdn n šndt ⟨⟩
    | R.

Harz? der Akacie (LVI, 10 S. 210 Anm. 23)

n'agu o *n t'ert* o
    | R.

Pulver der Zwiebel

---

102) 〇 〇 〇 o *šeše* o kommen im Pap. Eb. ziemlich häufig
vor. Ausser gekocht, sollen sie einmal verstossen werden. Baugsch bringt das
Wort mit dem hebr. אֲשִׁישָׁה zusammen, doch muss es aegyptisch sein.

103) Ursprünglich hatte 〇 〇 〇 *tχn* 〇 *tà r s* dagestanden; doch
tilgt ein rother Strich das *tà* hinter *tχn* 〇 und das *r*; aus dem ∏ *s* aber wird
wiederum mit rother Farbe ∏\\ *së* gemacht, was den Dual der dritten Person
fem. bezeichnet und sich auf *mrtë* bezieht.

104) Ebenso LVII, 5. S. 227 (95.).

Zerreiben und die Augen damit verbinden.

Der Metstein oder Haematit.

Der [Hieroglyphen] met □ stein, heisst auch LXXXVIII [...]
[Hieroglyphen] und un n lax [Hieroglyphe] Metstein des Laistes, oder
Spiegelmetalles? Seine Bestimmung bietet grosse Schwierigkeiten.
LVII, 12 ist uns indess eine Pflanze [Hieroglyphen] begegnet, für die XLIX,
16 als Variante [Hieroglyphen] met [Hieroglyphe] eintritt, und unser Stein [Hieroglyphen]
[Hieroglyphe] und dieses Gewächs haben also den gleichen Namen. Wir erkannten in der ersteren das Chelidonium majus, während Stern sie
für den Crocus kopt. ΜΕΤΑΜ, ΜΕΘΘΙΟ hielt. Aus beiden Pflanzen
wird gelber Farbenstoff gewonnen, und Dioscórides erwähnt die eine
wie die andere. Von dem Safte des Chelidonium maj. sagt er, es
sei κροκώδης d. i. safranfarben oder hochgelb, und sehen wir uns
nun unter den Steinen um, die er als Medicamente vorschlägt,
giebt es einen, dessen beste Sorte gleichfalls die κρόκου oder hoch-
gelbe Farbe haben musste. »Ἄριστος«, sagt er, »δὲ εἶναι δοκεῖ ὁ
κερηκοειδῶν τῇ χρόᾳ. Ferner soll er sich leicht zerreiben lassen,
und von dem met un steine wird an unserer Stelle sowie LX, 13
und LXXII, 3 verordnet, ihn zu zerreiben und »fein« zu zerreiben.
Mehrmals wird er gegen Augenkrankheiten verwandt, und das Gleiche
gilt von dem crocusfarbenen Stein, den Dioscorides V, 144 (145)
σχιστός λίθος nennt, und welcher nach ihm gegen Verfettung der
Augenlider und Staphylome (Beeren-Geschwulst oder Traubenauge)
sehr wirksam sein soll. Dieser Schistusstein ist unser rother Glaskopf, farbiger Rotheisenstein, Blutstein, lapis haematitis, fer oligiste
rouge fibreux, fibrous red iron-ore. Je feiner die Nadeln, in die
man die stalaktitische, traubige Masse des Steines zertheilt, desto
mehr tritt an ihnen die rothe Farbe des Eisenoxydes hervor. Von
dem Pap. Eb. LXXXVIII, 17 verwandten Steine [...] den

Anderes zum Vertreiben des Blutes in den Augen, ...

Haemophthalmus oder Blutergüsse in den Augen.

... mit Pulver

der Dompalmenfrüchte und Milch einer Frau, die einen Knaben geboren.

... die andere mit Milch.

15. ...

16. Lass es feucht stehen, und mache Dich am Morgen damit Deine Augen zu füllen.

105) O. I. von Kostka, Geschichte der Mineralogie II. ...

106) ...

Anderes zum Vertreiben 17. der Catâracta und das Stossen
in den Augen[187].

Komm Kieselkupfersalbe, bis[188]) also: komm wefu salbe,
komm wefu salbe!

komm grüne, komm Ausfluss des 18. Horisauges[189]

komm Erguss[190] aus dem Auge des Tum, kommet ihr Stösse,

die ihr hervorgeht 19. aus Osiris. Kommet zu ihm und
nehmet von ihm

das Wasser, den Eiter, das Blut, den Augenschmerz.

187) Eigentlich das sich flrekteo des Wassern über die Augen, die eustaig
aquae der Alten. LX, 4 Anm. Die Rugen nennen den schwarzen Staar schwarzes
Wasser.

188) ⊙ ist das Wiederholungszeichen, welches den vorhergehenden Satz
zweimal zu lesen gebietet.

189) Jede lautbare Gabe der Natur, besonders die heilenden und heissenden
Drogues, werden, wie wir schon zeigten, als Ausflüsse eines Göttterauges
wohl auch als Zeichen selbst bezeichnet.

190) ...

...

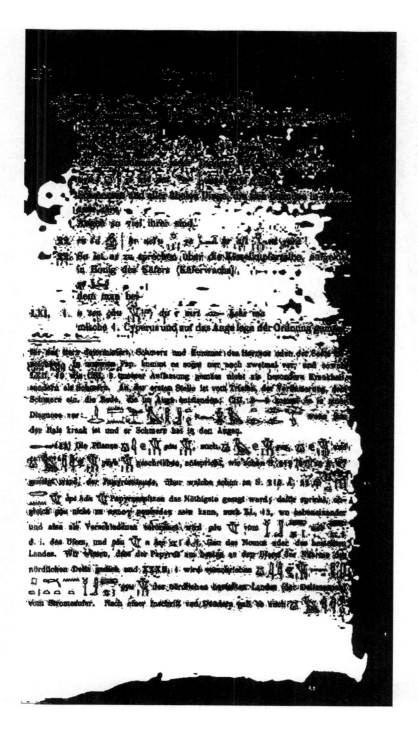

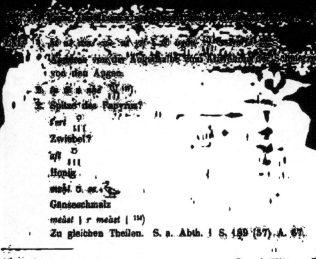

Wunden von der Augenlide und Ausfluss oder Schwären
von den Augen.

Spitze des Papyrus?

Zwiebel?

Honig

Gänseschmalz

meāst | r meāst | [114]

Zu gleichen Theilen. S. a. Abth. 1 S. 159 (57) A. 67.

geyui d, i. Papyrus der Oase. Was die

die Mütter des Cyperus bedeuten (XXIV, 20—XXV, 1), ist fraglich; vielleicht die weiblichen Blüten, vielleicht die Wurzeln. Er gehört zu den Drogen, aus denen man das Räucherwerk κῦφι XCVIII, 6 zusammensetzte. Ausser gekochtem wird süsser zu verschrieben und wir meinen auch zu wissen, was

geyui me bedeutet, eine Pflanze, die gleichfalls zu Dendera erwähnt wird. Es ist doch wohl der indische Cyperus. Wie der Bedeutung der gelben Pflanze kommt, findet man S. 153 A. Dioscor. wird eine aus Indien stammende Cyperusart erwähnt, die, wenn man sie kaut, safrangelb und bitter erscheint. Diesem entspricht wohl auch der süsse Cyperus unseres Pap. gegenüber. Cyperus, dem man Salben zugefügt hat, soll sie verdichten. Dioscor. 1, 4 S. 14.

das möchte Stern mit dem arab. cyperus, wieder mit der Papyrusstaude zusammenbringen, und wir wissen nichts besseres vorzuschlagen, zumal wir ja von dem hen das wir LVII, 12 S. 213, 4. 22 noch als Cyperus, Byblos, Papyrus erkannten, gleichfalls den Kopf oder die Spitze unterscheiden, und Lucian von einem Byblosblatt in der Ägypten, welches der indische Papyruspapier Bereitung erinnert der Alten erwähnen. Wir müssen

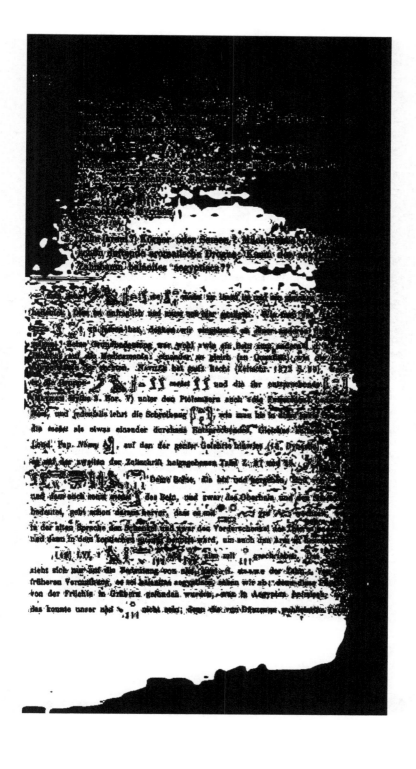

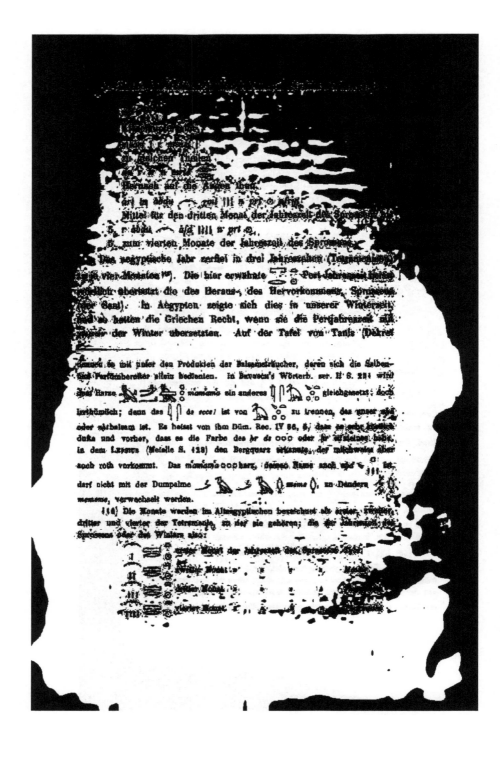

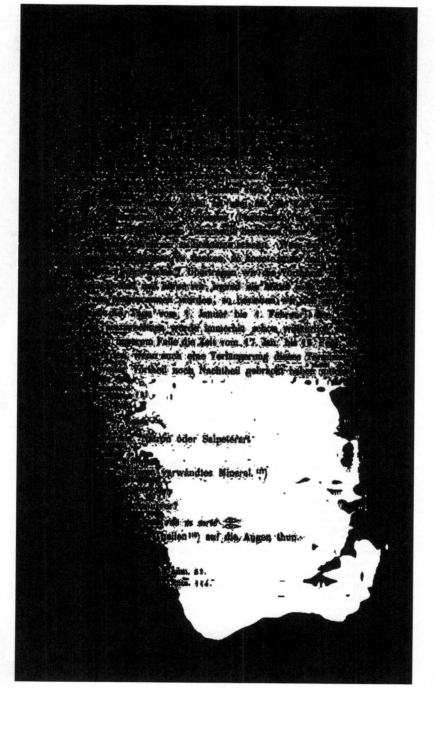

ḥi ṣ́ṣ ⟨r⟩ ȧrṭ́u m šmu ⊙ pri ⊙ ȧ́et ⊙ ...

Eine andere Augensalbe anzuwenden, im Sommer, Winter
und der Ueberschwemmungszeit, d. h. während des ganzen
Jahres.

Unser Recept zählt hier die drei Tetramenieen des ägyptischen
Jahres auf, und zwar als erste die ⬚⊙ *šmu* ⊙ jahreszeit, den Sommer, (kopt. ϣⲱⲙ *asolas*) eigentlich die Zeit der Glut oder Hitze
(⬚ 𓃭 *šmu*), die das Decret von Canopus (Tafel von Tanis)
z. 42. θέρος nennt und zu der die vier Monate πάχων, παϋνί,
ἐπιφί und μεσορή gehörten. Sie umfasst die Zeit vom 47. März
bis 46. Juli des julianischen Jahres. Von der ⬚ *pri* ⊙ Tetramenie, der Zeit des Sprossens oder dem Winter ward oben zu LXI,
4—5 geredet. Die letzte oder 𓏲⊙ *ȧ́et* ⊙ Tetramenie ist — Barucci
hat es endgültig erwiesen [119] — die Ueberschwemmungszeit. Sie um-
fasste die Monate θωϋϑ, φαωφί, ἀϑύρ, χοιάκ und die Zeit des
47. Juli bis 46. November des julianischen Jahres. Auch heute
noch passen diese Daten auf die Ueberschwemmungszeit.

Diese in allen drei Tetramenieen, also in sämmtlichen 12 Monaten des Jahres zu verwendende Salbe soll bereitet werden wie
folgt:

LXI,   7.   *medmi* ⊙ *nȧ́* ⟨⟩ *ḥr mrḥt* ⊙ *trp* 𓅮 [120])

     7. Stibium zu zerreiben mit dem Schmalz der Trpgans,

       m duȧ ⊙ ȧn ⟨⟩ rde ḥe △ ḥr ẋt 𓏲

     in der Frühe, ohne es indess an's Feuer zu bringen [121])

     8. *stm* ⟨⟩ *ȧm m grḥ* 𓏲

     8. und das Auge zu salben damit in der Nacht.

---

119) Zeitschrift 1865 S. 11.

120) An anderen Stellen 𓅮 𓅮 *trp* 𓅮, ⟨⟩ 𓅮 *trp* und
schlecht 𓅮 *trp* 𓅮, ist eine Gans, die man gern als Opfer darbrachte.
In Lepsius ältesten Texten des Todtenb. werden 1, 10, 14—19 5. Gänsearten als
Opfer dargebracht; von der *ro*, *st* und *sr*-Gans je 2, von der *trp* 𓅮 Gans, die
vielleicht kostbarer war, nur eine.

121) Wörtl.: Nicht lasse fallen oder niederlegen ȧn auf das Feuer.

kt: *msdm*   °
                 I I I

Anderes: Stibium

uef u   °
          I I I

Kieselkupfersalbe

χsbd   °
          I I I

Lapis lazuli [122])

àft   ◦
        I I I

Honig

9. *χntë*   °
             I I I

9. grüne Bleierde [123])

meäst r meäst

zu gleichen Theilen

àr m àuśś ○ *st* ⊸ [124])

zu einem gezogenen Teig oder Brei (oder Stollen?) machen und

du r tr n mrtë ⬳

hernach auf die Augen thun.

---

122) Sicher festgestellt. S. LEPSIUS Metalle S. 55—71. Was Theophrast und Dioscorides σάπφειρος nennen, ist nicht unser kostbarer Sapphir, sondern der Halbedelstein Lapis lazuli, und wie unser Papyrus hielt Dioscor. V. 156 (157) ihn für ein gegen Augenleiden empfehlenswerthes Mittel. καὶ τὰς ἐν τοῖς ὀφ-θαλμοῖς ὑπεροχὰς καὶ σταφυλώματα καὶ φλυκταίνας στέλλει. Sein ge-schlämmtes Pulver bildete in Aegypten die blaue Malerfarbe, welche später unter dem Namen Ultramarin bekannt war. Wir besitzen selbst ein Säckchen mit ver-härtetem Lapis lazuli oder Lasursteinpulver aus dem alten Aegypten.

123) S. S. 202 (70) A. 7. zu LVI, 2.

124) ⬳ ▭ ○ *àuśś* ○ °°▦ puls pulmentum. Die wörtliche Übersetzung der ganzen Gruppe *àuśś* ○ *st* ⊸ ist gezogener dicker Speltbrei, und man darf dabei an Nudeln oder dergleichen denken. Da unsere Gruppe H. L. ist und sie uns auch nicht ausserhalb unserer Handschrift begegnete, wissen wir sie nicht anders zu erklären. Das ▦ \\ ▦ *fuëše* ° in DÜMICHEN's Recueil. B. IV LVI, 1 muss eine aus Arabien kommende Spezerei sein, die hier nicht gemeint sein kann. Wegen der Lesung weisen wir auf das ⬳ des M. R. Hätte man ⊸ *st* für ▭ ⊸ ⊻ oder ▭ ⊸ = den nach unten führenden Gang, oder ⬳ *st-t* zu halten, was dasselbe und dann auch die Gruft, bedeutet, könnte unser *àuśś*, das

kt nt dr ⌐⌐ℓ 10. *χut m tp* ⊕ *m stm* ⊂⊃

Anderes zum Vertreiben 10. einer Geschwulst [125] am Kopfe

(Grützbeutel) mit Augensalbe. Ein Atherom oder eine
Balggeschwulst.

msdm ○ ııı	ǀ D.?
Stibium	
χt àue ○ ııı	⅛ D.
arab. Holzpulver?	
snn ○ ııı	¹⁄₁₆ D.
Opalharzkörner? [126])	
11. *ḫtm* ○ ııı	¹⁄₁₆ D. .
11. dem Stibium verwandtes Mineral [127])	
ànu ○ ııı	¹⁄₆₄ D.
Dinte	
àntė ○ ııı *śu* ᠗ ○ ııı	¹⁄₆₄ D.
getrocknete Myrrhen	
prt tnϑà ○ ııı	¹⁄₆₄ D.
Tnϑàbeeren oder Samen?	

12. *kt rrt* ○ ııı *nt mrt* ⊲⊃ *χpr χt nbt duut* ⇒ *r-s*

12. Andere Mittel für das Auge, an dem irgend etwas krank
geworden.

udd ○ *n rmϑ* ᠗ ᠗ ǀ *psś* 13) *m meuë*

Menschengehirn, das man zerlegt 13) in zwei Hälften.

——————————————

LVI, 20 mit dem Brote ⊂⊐ determiniert wird, auch das Brot sein, das man als
Todtenopfer in der Gruft niederlegte. Der Gang *st* ⊸⊙⊸ ⋀ ist auch unser
Stollen. Das sächsische Gebäck dieses Namens bedeutet wohl nur das der Stola,
dem Priesterkleid zukommende Gebäck. Wegen der Lesung von *àuś* weisen wir
auf das ⌂ = *au* der Pyramidentexte.

  125) S. 257 (125). A. 80. zu LIX, 3.
  126) S. 257 (125). A. 81. zu LIX, 4.
  127) S. 258 (126). A. 82. zu LIX, 4.

du me-ſ ḫr âſt ◯||| *sim* ⬭ *mrt* ⬭ *âm m*

Man nehme seine eine Hälfte mit Honig und salbe das Auge damit am

mâśrlu ⤬ *hnâ* 14. *śśuyt* ◯ *me-ſ*

Abend, und hat man 14. getrocknet den anderen Theil

nt' ⌐◡ *'an sim* ⬭ *mrt* ⬭ *âm m due* ◯

und fein zerrieben, so salbe man das Auge damit am Morgen.

kt srud 𐑋 |̂| *mee*

Anderes um Wachsen zu machen zu schärfen die Sehkraft,

15. *âru m âbdu* ⌐ *tp n prt* ◯ *nſryt r âbdu* ⌐

15. anzuwenden vom ersten Monat der Jahreszeit des Sprossens bis zum

snnu n prt ◠ [128])

zweiten Monat der Jahreszeit des Sprossens.

msdmt ◯||| *ſey* ⌐◻ *n* 16. *msdm* ◯||| [129])

Stibium ◯||| — Männliches des 16. Stibiums ◯|||

snn ◯|||

Opalharzkörner

meâst r meâst dut m mrtë ⬯

zu gleichen Theilen auf die Augen thun.

kt: se ◯||| *qmia*

Ein anderes: Oberaegyptische Art des Natrons oder Salpeters. S. 226 A. 42.

mes- 17. *dmt* ◯|||

Sti- 17. bium

meâst r meâst du r tr n mrtë ⬯

zu gleichen Theilen, hernach auf die Augen zu thun.

kt: tert ◯|||

Ein anderes: Zwiebeln?

128) S. 277 (145) ff. zu LXI, 4—5. Vom 1. Tobi bis ersten Mechir. Nach dem jul. Jahr vom 17. Nov. bis 16. December.

129) S. 237 (195) zu LVIII, 5 A. 62.

msdmt 〇 ııı

Stibium

äft 〇 ııı

Honig

18. *meäst r meäst du m mrtè* ⟨eye-glyph⟩

18. zu gleichen Theilen, auf die Augen thun.

kt nt äbe mee

Ein anderes zum Öffnen des Gesichtes:

pqyt □ *nt*　19. *hnu* 〇ı *me kp* ⌣ *tä* [130]) *ḥr*

die Scherbe eines　19. neuen Hinkruges erwärme mit

ḥsse ⩰ 〇 ııı

frischer Milch

---

130) Das ⌢□ ⌣ *kp* ⌣ dieser Stelle bringt STERN mit S. ⲕⲱⲛ, B. ϧⲱⲛ
absondere, occultare zusammen. Man müsste also übersetzen: Die Scherbe etc. ver-
borgen in frischer Milch; doch kann diese Version nicht zutreffend sein. — Sehen
wir uns nach dem weiteren Vorkommen der gleichen Gruppe in unserer Handschrift um, so finden wir sie, gleichfalls mit ⌣ determiniert, XCIV, 4 wieder.
Auch hier hält sie STERN für abscondere, doch kann sie nur wie in vielen anderen
Fällen beräuchern oder erwärmen bedeuten. Der Berl. medic. Pap. V, 7 schreibt
es richtig ⌢□ 🦅 𓏤 𓂝 den Patienten (die Person damit) beräuchern
oder erwärmen; *kp* wird hier determiniert mit der Flamme, die wir auch im
Pap. Eb. XCIV, 4 und LXI, 19 für ⌣ einführen müssen. An ersterer Stelle
heisst es nämlich: □ ⌣ 𓂝𓏤 𓀀 beräuchere oder erwärme die Patientin
(Frauensperson) damit. Dass dies zutreffend ist und keineswegs an »abscondere«
gedacht werden darf, beweist die Fortsetzung der betreffenden Stelle ⌢ 🦅 𓂂
𓏤𓀀𓏤 𓂝 ⌢ 𓏤 indem Du hineingehen lässt den Dampf,
der davon ausgeht, in das Innere ihrer Vulva. Das *kp* ⌣ *st* 𓀾 *ḥr-s* des Pap. Eb.
ist ganz analog dem *kpu* 𓀀 *se* 𓀾 *ḥr st* des Berl. med. Pap., nur dass es sich in
jenem um eine Frauensperson, in diesem um einen Mann handelt. So wird denn
auch LXI, 19 hinter *kp* weniger correct ⌣ statt 𓀀 stehen. Möglich wäre, dass
an letzterer Stelle *kp* ⌣ als Vorgänger des koptischen ϭⲱⲛⲉ, ϭⲱⲛ sumere, capere
zu betrachten ist. Es wäre dann »die Scherbe etc. genommen mit frischer Milch«
zu übersetzen; doch ist die Version »erwärmen etc.« weit natürlicher, zumal sie
durch XCIV, 4 der gleichen Handschrift so gut bestätigt wird.

rde r mrtĕ 'aš sp sn ⊗

sehr zahlreiche male auf die Augen thun.

kt stm ⟶ n abe   20. mec

Andere Augensalbe zum   20   Öffnen des Gesichtes

mstmt ○

Stibium

àft ⊙ [131] *nt gu*

Mark oder Klauenfett? des Rindes?

du m mrtĕ

auf die Augen zu thun.

kt nt du   21 ...

Anderes zum   21 Öffnen des Gesichtes

msdum-t ... (...)   IIII 4

Stibium

'aft ○   III 3 [132]

Honig

mätt

desgl. (d. h. auf die Augen zu thun).

kt nt u

Ei . andpras zum Öff.

LXII. 1. ...

1. ... d s Gesichtes

msdmt ○

Stibium

nu nu tert ○ *uft*

Saft von frischen oder grünen Zwiebeln

xpr tsf n uft ○

Naturhonig

2. *du m mrtĕ*

2. auf die Augen thun.

---

131 S. zu LVI. 46 S. 221 [89 A. 31.

132 Die Maasse sind hier zu fassen wie 4 . 3. 4 Drachmen wie ... Bu des übrigens gewöhnlich gewogenen Stibiums würden viel mehr sein als sonst davon verordnet wird.

ky stm ⟨⟩

Andere Augensalbe:

msdm ° _{|||}		‖ 2

Stibium

aft ° ||| | ‖‖ 4

Honig

uetu ° ||| | ¼

Kieselkupfersalbe

χntš | ¼ [133])

grüne Bleierde

3. *χsbd* ° ||| *m'a*

3. echtes Lapis lazuli

nť ⟨⟩ *du m mrtě* ⟨⟩

zu zerreiben und auf die Augen thun.

ky stm ⟨⟩

Andere Augensalbe:

msdmt ° ||| | ‖ 2

Stibium

'ad ○ 4. *se* | ‖ 2

Gänse 4. schmalz

mu ≈≈≈ | ‖‖ 4 [131])

Wasser

utḥ ° *m mrtě* ⟨⟩

in die Augen spritzen.

kt nt dr ⟨⟩ *shtu* ⟨⟩ *χpr m mrtě* ⟨⟩

Anderes zum Vertreiben des Albugo, das in den Augen entstanden ist:

---

133) Wie 2 : 4 : ¼ : ¼ oder 2, 4, ¼, ¼ Drachme. Dem echten Lapis lazuli wird kein Maass beigegeben. Vielleicht Stibium und Honig wie 2 : 4 + ¼ D. + ¼ D. + Lapis lazuli in beliebiger Menge.

134) 2 : 2 : 4 oder 2, 2, 4 D. Vielleicht ist das Wasser 4 auch als Bindemittel wie bei den Recepten zu gleichen Theilen als 4 H. zu fassen und das Ganze: Stibium 2 D., Gänseschmalz 2 D., Wasser 2 H. Die beiden ersten Medicamente lass' ich wägen und nicht mit dem Ro messen, weil *msdmt* ° ||| sonst immer nur gewogen wird.

msdmt °⃝ ₁₁₁ |
Stibium

5. *χt* ⌐ *'aue* °⃝ ₁₁₁ | [135])
5. arab. Holzpulver

nt ⌐◡ *'an du m mrtĕ* ⬯
fein zu zerreiben und auf die Augen zu thun.

kt: 'anu °⃝ ₁₁₁ |
Ein anderes: Dinte

msdmt °⃝ ₁₁₁ |
Stibium

mu 〰〰 [136])
Wasser

nt ⌐◡ *'an du*   6. *m mrtĕ* ⬯
fein zerreiben und   6. auf die Augen thun.

kt: hbnĕ ⬯
Ein anderes: Ebenholz

msdmt °⃝ ₁₁₁
Stibium

mu 〰〰
Wasser

mätt
desgleichen (d. h. fein zerreiben und auf die Augen thun).

kt: bnf ○ [137]) *n ábdu* 🐟 [138]) |
Ein anderes: Lunge? des Flösselhechtes (Polypterus bichir)

---

135) Zu gleichen Theilen oder 1 Drachme : 1 Drachme.

136) Die beiden ersten Medicamente zu gleichen Theilen oder je eine Drachme, und das Wasser als Bindemittel nach Gutdünken zu nehmen.

137) *bnf* ○ könnte vielleicht das nur in einer Scala vorkommende kopt. ⲟⲩⲱϥ die Lunge sein.

138) Der *ábdu* 🐟 fisch, kopt. ⲥⲫⲱⲧ wird nur in einer Scala und wie ERMAN glaubt nach einer misslichen arab. Etymologie piscis loricatus übersetzt. Er ist also vielleicht gepanzert, und Todtb. 15. erblickt ihn Z. 25 der Verstorbene in der Sonnenbarke, und er muss schön gefärbt sein. Nachdem wir dies alles Herrn Prof. KLUNZINGER in Stuttgart, dem besten Kenner der Fauna Aegyptens, mitgetheilt

Andoren zum Vertreiben des Seiropiums oder Euirodium

3. ....

3. Subium

......

Meänige?

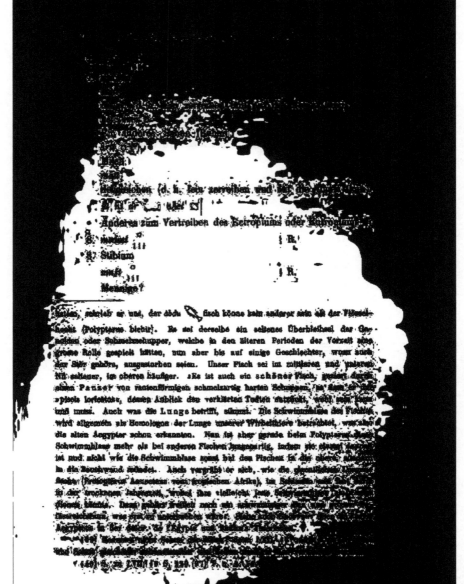

..., schrieb er uns, der obdu Fisch könne kein anderer sein als der Flösselhecht (Polypterus bichir). Es sei derselbe ein seltenes Überbleibsel der Ganoiden oder Schmelzschupper, welche in den älteren Perioden der Vorzeit eine grosse Rolle gespielt hätten, nun aber bis auf einige Geschlechter, wozu auch der Stör gehört, ausgestorben seien. Unser Fisch sei im mittleren und unteren Nil seltener, im oberen häufiger. »Es ist auch ein schöner Fisch, gepanzert durch einen Panzer von rautenförmigen schmelzartig harten Schuppen, in dem er sich plötzlich losreisst, dessen Anblick den verklärten Todten entzückt, wohl sein Leben muss. Auch was die Lunge betrifft, stimmt. Die Schwimmblase des Fisches wird allgemein als Homologon der Lunge unserer Wirbelthiere betrachtet, was aber die alten Aegypter schon erkannten. Nun ist aber gerade beim Polypterus die Schwimmblase mehr als bei anderen Fischen ausgebildet, indem sie einmal doppelt ist und nicht wie die Schwimmblase sonst bei den Fischen in die obere, sondern in die Bauchwand mündet. Auch vergräbt er sich, wie die gewöhnlichen .... Aequatorial-Amerikas und tropischen Afrika, im Schlamme und wohl ...... in der trockenen Jahreszeit, wobei ihm vielleicht seine Schwimmblase .... dienen könnte. Dann giebt es noch ein schwammiges ...., was späte nachweisen wird.« Alle diese ...... Aegypten in der neue, die Lhdysti und flachen Fischarten .... geben ....

...... (44) S. 22 LXIII [?] S. 130 [?] [?]

10. *àrtt* ͦ
    ̄ ı ı ı *nt mst* ＼ *ley* ⌐◻

10. Milch einer Frau, die ein männliches Kind geboren

àr m χt uât, du r tr n mrtë ⊷

in Eins vereinigen und hernach auf die Augen thun.

kt   11. nt dr ⌐◻ *edyt* ◯ *m mrt* ⊷

Ein anderes   11. zum Vertreiben des Krokodils im Auge,

d. i. des Pterygiums oder Randcarcinoms?[144]):

msdmt ͦ
     ı ı ı   ½ D.

Stibium

suht ◯ *nt nrt* 🦆   ¼, ½ = ¾ [145])

Ei eines Geiers

12. *nt* ⌐◻ *'an du r tr n mrtë* ⊷

12. fein zerreiben und hernach auf die Augen thun.

kt : msdm ͦ
         ı ı ı   2 D.

Ein anderes: Stibium

'aft ͦ
    ı ı ı   1/64 D.

Honig

χntë ͦ
     ı ı ı   1/16 D.

grüne Bleierde

13. *mnšt* ͦ
        ı ı ı   ⅛ D.

13. Mennige

snn ͦ
    ı ı ı   1/16 D.

Opalharzkörner?

màtt

desgl., d. i. fein zerreiben und hernach auf die Augen thun.

kt : mnšt ͦ
         ı ı ı   1/32 D.

Ein anderes: Mennige

χntë ͦ
     ı ı ı   ¼ D.

grüne Bleierde

---

144) S. 254 (122) zu LIX, 1.

145) Entweder, wie ½ bei *msdmt* ͦ auf die Drachme zu beziehen, oder
ı ı ı
¾ des Eis.

msdmt   o   ¹/₃₂ D.
        | | |
Stibium

14. snn   o   ¹/₁₆ D.
          | | |
14. Opalharzkörner?

χpr tsf n 'aft   o   🦉 | | 2¹/₄ D.
                | | |
Naturhonig
mätt
desgl., d. i. fein zerreiben und hernach auf die Augen thun.

kt: ds ⟶ qm 🐦 ¹⁴⁶)   ·   ¹/₃₂ D.
Ein anderes: Schwarzer (gebrannter) Messer- oder Flintstein

15. ntr sntr   o   ¹/₈ D.
               | | |
15. Weihrauch

te ⟶ msḥ ⟶   o | D. oder R.?
             | | |
Krokodilerde ¹⁴⁷)

'aft   o | ¹⁴⁸)
       | | |
Honig

du r qaku ⟶ n mrtë ⟨⟩
          | | |
auf die Brauen ¹⁴⁹) der Augen zu geben.

kt: 16. mnšt   o   ¹/₆₄ D.
                 | | |
Ein anderes: 16. Mennige

χntë   o   ¹/₆₄ D.
       | | |
grüne Bleierde

χpr tsf n aft   o   ¹/₈ D.
               | | |
Naturhonig

msdmt   o   ¹/₈ D.
        | | |
Stibium

17. snn   o   ¹/₃₂ D.
          | | |
17. Opalharzkörner?

─────────────

146) S. 264 (132) zu LIX, 20. A. 92.
147) Wahrscheinlich der Nilschlamm, die Erde oder der Thon des Ufers.
148) Wohl wie der grösste Theil der meist zu wägenden Mittel 1 D.;
vielleicht als Bindemittel 1 H.
149) Eigentlich die Arme der Augen.

màtt

desgl., d. i. auf die Augenbrauen thun.

kt nt 'ube mee

Anderes zum Eröffnen des Gesichtes:

sm'a ○ ꟾꟾꟾ

Sahne, Rahm

àrtt ○ ꟾꟾꟾ *nt* 18. *mst* ⟍ *ley* ▭ 𓀗

Milch einer 18. Frau, die ein männliches Kind geboren

àr m χt u'at | utḥ ○ *m mrtë* ◈

in Eins verbinden und in die Augen spritzen.

kt nt dr ⌣ 19. *ḥeϑë* ꟽꟽꟽ ◠ *kḥu* ⊤̄ ꟾꟾꟾ

Anderes zum Vertreiben 19. der Lippitudo (oder des Eiterflusses) [150], des Dunkels [151],

ḥeu ◠ [152] *ḥt'a* 𓅿 ꟾ *χpr m mrtë* ◈

der Augenschmerzen und der Entzündungen, die entstanden sind in den Augen:

χt ◡ *'aue* ○ ꟾꟾꟾ		ꟾ R.
arab. Holzpulver?		
20. *uetu* ○ ꟾꟾꟾ		ꟾ R.
20. Kieselkupfersalbe		
n'agu ○ ꟾꟾꟾ *n tert* ○ ꟾꟾꟾ		ꟾ R.
pulverisierte (zerstossene?) Zwiebeln?		
àdn n šndt ◈		ꟾ R.
Harz? der Nilakazie		
χpe ◌ *n ḥbnë* ◈		ꟾ R.
Feilspähne? [153] von Ebenholz		

---

150) S. zu LVI, 11 S. 218 (86) A. 24.

151) ◠ @ ⊤̄ χake, kaki tenebrae, obscuritas.

152) S. 273 (141) A. 111, zu LX, 19.

153) S. 225 (93) A. 40 und 41, zu LVII, 3.

Anderes zum Vertreiben des Augenfelles (Achu-
Pinguecula?)

154) Die Pflanze, die hier ⌂ ... geschrieben wird ... Dattes bq oder qb. Auch im Grabe des ..., wo 2 Exemplare vorkommen, wird er ... geschrieben. Er gehört zu den Pflanzen, ... aus dem Auge des Horus oder der Pupille des Rā hervorgingen. ... aus den Pupillen der Augen des Rā (Pyramiden-inschriften I, LXVII). Ebendaselbst wird vom bq ... nam asi, d. i. ... dessen Duft angegeben ist, (als Ausfluss des Auges des Rā) ... ... Flüssigkeit ein Öl ist und also auch der Saft der ... anderer Stelle, kann nicht bezweifelt werden. Das Olivenöl ist kaum gemeint, und V. Loret, Recueil Vieweg 1886, VII S. 101 ff., sucht ... der Weise zu begründen, dass wir in dem bq oder qb ... Moringa oleifera, deutsch »Öl-Moringie«, zu sehen haben. Dieser in Assyrien ... Baum war auch den Alten bekannt. Nach Plinius zeigte sich sein Öl ... rein, in Arabien grün, und es duftete schön. Loret hätte besser gethan, ... ihm gemeinten Baum moringa aptera oder guilandina moringa L. zu ... ist die βάλανος αἰγυπτία der Griechen, deren Same als ances Seben ... Apotheke gebraucht wurde und das Behenöl lieferte, welches jetzt ... Bereitung von wohlriechenden Ölen und Salben verwandt wird. Liran, ... S. 159, zählt das aus dem Kerne der guilandina moringa bereitete Behen... den »vorzüglichsten Fetten«. Unser bq ... mag wohl die βάλανος αἰγυπτία ... Theophrast sein, der den Baum gut beschreibt. Hist. plant. IV, 2, 1. Er ... Dioscorides βάλανος μυρεψική, deren Namen zum wohlriechenden Öl gehörig ... Eichele schon anzeigt, welchem Zwecke sie diente. Wir möchten also unser ... Bq-Baum für guilandina moringa L., die Öl-Moringie ansehen, und den Saft ... ihren Früchten für das Behenöl der Apotheker.

155) ⌂ ... quti ... Augenleit, LXII, 11 S. 232 (100) A. 52.

uetu $\overset{\text{o}}{\text{III}}$　　　　　　　　　　　|| 2

Kieselkupfersalbe

'anu $\overset{\text{o}}{\text{III}}$　　　　　　　　　　　| 4

Dinte

msdmt $\overset{\text{o}}{\text{III}}$　　　　　　　　　|| 🦉 2½

Stibium

ḥsmn $\overset{\text{o}}{\text{III}}$　　　　　　　　　　| 4

Natron

LXIII, 4. χntẽ $\overset{\text{o}}{\text{III}}$　　　　　　　⅓ D. [156])

　　4. grüne Bleierde

nt' ⌐ ḥr mu 〰 du r mrtẽ 👁

mit Wasser zerreiben und auf die Augen thun.

kt: mnšt $\overset{\text{o}}{\text{III}}$　　　　　　| R.

Ein anderes: Mennige

mrḥt $\overset{\text{o}}{\text{III}}$ se 🦆　　　　　| R.

Gänseschmalz.

ms ⌐ tr n mrtẽ 👁 ȧm

An den Augen hernach damit salben.

　　2. ȧr χr-k kt nt dr ⌐ χnt ⌐ m fnt ⌐

　　2. Bereite noch ein anderes zum Vertreiben einer Geschwulst
　　　an der Nase, (Thränensackerkrankung, Dakryocystitis [157]):

msdmt $\overset{\text{o}}{\text{III}}$　　　　　　　　　| R.

Stibium

χt ⌐ 'aue $\overset{\text{o}}{\text{III}}$　　　　　　| R.

arab. Holzpulver

'antẽ $\overset{\text{o}}{\text{III}}$　3. šu ☉　　| R.

Myrrhen　3. getrocknete

---

156) Entweder wie 2 : 4 : 2 : 4 : ⅛ oder, weil das Recept lauter sonst zu
Wägendes enthält, alles auf die Drachme zu beziehen.

157) Bei Verstopfung des Nasenkanals entzündet sich die Schleimhaut des
Thränensackes. Eitriges Sekret füllt den Thränensack prall an und bildet derge-
stalt eine erbsengrosse oder noch grössere Schwellung an der Nase.

aft $\overset{\circ}{|||}$ I R. oder H.

Honig,

stm ⬯ *àm r hru* ☉ *àfdu* ||||

das Auge damit einreiben 4 Tage lang.

àr me-k m'ak un m'a pu

Berücksichtige es, denn es ist gewisslich das Rechte.

4. *ky stmu* $\overset{}{|||}$ *àr n urme* ^{158} χuy *sps*

4. Andere Augensalbe, bereitet von dem ehrwürdigen Urme (**Sonnenpriester von Heliopolis**) Namens χuy.

msdmt $\overset{\circ}{|||}$ I R.

Stibium

uet'u $\overset{\circ}{|||}$ I R.

Kieselkupfersalbe

5. *se* $\overset{\circ}{|||}$ *qm'a*   I R.

5. oberaeg. Natron- oder Salpeterart

se $\overset{\circ}{|||}$ *àdḫu* ⊙   I R.

unteraegypt. Natron- oder Salpeterart. (Beide Sorten stehen hier nebeneinander)

mnšt $\overset{\circ}{|||}$ I R.

Mennige

χt ⬯ *'aue* $\overset{\circ}{|||}$ I R.

arab. Holzpulver

---

158) Wir wissen längst, dass der Urme der Oberpriester von Heliopolis war, der in den Nomenlisten von Edfu auch der Urme und Oberste des Mysteriums (▭ ⬯ hr sšte) genannt ward. A. Wiedemann bewies in den Proceedings of the soc. of biblical achaeology 1889 S. 72, dass schon unter der 18. Dyn., also zur Zeit der Niederschrift unseres Pap. (London Stele 135 cf. Budge Trans. VIII p. 326) der Plural für Priester von Heliopolis gebraucht ward. Daraus geht hervor, dass der Titel urme doch wohl nicht nur dem Oberpriester, sondern mehreren höheren Sonnenpriestern von Heliopolis zukam. Unter der XIX. Dynastie gab es auch zu Theben urme-Priester der Sonnengötter Ra und Tum.

χpr tsf n 'aft ○ | R. oder H. [159])
     III

Naturhonig.

6. kt nt dr ⌣ špt ⬭ m mrtĕ 𓂀

6. Anderes zum Vertreiben der Blindheit in den Augen:

tĕrt ○ nt ⌣ 'an sχeku [160]) ⌣   7. m ḥbs ⊤
 III

fein zerriebene Zwiebeln lasse man wickeln   7. in Zeug

χtm ⌣ ḥr χpr tsf m 'aft ○ du m mrtĕ 𓂀

und verschlossen in Naturhonig lege man sie auf die Augen.

kt nt dr ⌣ χsfu ⌐ n ḥau ₹ m   8. mrtĕ 𓂀
       III   III

Ein anderes zum Vertreiben der Hindernisse an den Mus-
keln in den 8. Augen [161]). **Augenmuskellähmung, Ophthalmo-
plegia, Paresis oder Paralysis:**

uet'u ○
  III

Kieselkupfersalbe

ntr sntr ○
   III

Weihrauch

mnšt ○.
  III

Mennige

nt ⌣ du r mrtĕ 𓂀

zerreiben und auf die Augen thun.

kt rrt ○ nt mrtĕ 𓂀 t'dt n 'am 𓀀 n Kp-
   III

Ein anderes Mittel für die Augen. mitgetheilt von einem
Semiten aus Kp-

9. nĕ ⌐ 𓀀 [162])

9. nĕ Byblos. Gebal:

---

159) Zu gleichen Theilen. Das Bindemittel Naturhonig wahrscheinlich 1 Hin.

160) 𓃀 𓂝 𓂀 sχeku caus. von χek, χeku, kopt. ϧⲱⲕ cingere, obvolvere.

161) 𓃀 𓂝 ₹ ḥau ₹ sind die Glieder des Körpers, doch auch die ana-
tomischen Bestandtheile jedes einzelnen Gliedes und 𓃀 𓂝 𓂀 χsfu 𓂀 die
        III   III
Hemmnisse, Hindernisse können geradezu »Lähmungen« übersetzt werden.

162) Siehe auch zu LVIII, 16, wo pert šn 𓊖 aus Kpnĕ 𓈖 erwähnt
             III
werden, das jedenfalls in Phönizien lag. Dass 'amu 𓀀 die semitischen Bewohner

'ateurun $\overset{o}{|||}$ |

'ateurun $\overset{o}{|||}$? [163]) Samen oder Korn

bnr $\int \overset{\longrightarrow}{|||}$ |

Datteln

bnr $\overset{\longrightarrow}{|||}$ uet' |

frische Datteln

bše $\overset{\longrightarrow}{|||}$ |

Durrakorn

ϑuϑkn $\overset{o}{|||}$ [164]) |

ϑuϑkn-Samen oder Korn

mnšt $\overset{o}{|||}$ |

Mennige

10. àbnnu $\overset{o}{|||}$ [165]) |

10. àbnnu-Metall?

ḥmt $\overset{o}{|||}$ |

Salz

dḫuë $\overset{o}{|||}$ [166]) |

dḫuëfrucht?

---

des Aegypten benachbarten Asien sind — Phoenizier, Syrer, Juden etc. — steht längst unzweifelhaft fest. Ein phoenizischer Arzt ist es also, dem die Aegypter das folgende Recept für die Augen danken. Es muss den Kulturhistoriker interessieren, dass die Aegypter so früh auch in geistigem Austausch mit den Nachbarländern standen.

163) Nicht zu bestimmen; doch klingt das Wort unaegyptisch und ist gewiss ein phoenizischer Pflanzenname.

164) Unbestimmbares, phoenizisches Wort wie 'ateurun $\overset{o}{|||}$.

165) $\int \int \overset{\wedge\wedge\wedge}{\underset{o}{o}} \overset{o}{@|||}$ àbnnu kommt auch im Berl. med. Pap. und im Pap. Harris I vor (LXIV c, 15). Es scheint ein Metall zu bedeuten; nur fragt es sich welches?

166) Sonst $\int \overset{o}{\underset{\backslash\backslash|||}{\times}} \overset{@}{}$ tàḫuë $\overset{o}{|||}$ geschrieben. Ist bestimmt eine Pflanze, weil XXXV, 12 und 13, LXIX, 9 etc. prt tàḫuë $\overset{o}{|||}$, d. s. tàḫuë-Samen, Beeren oder Körner vorkommen. Eine nähere Bestimmung haben wir nicht gefunden.

msdumt ° | | | |

Stibium

tbn ◯ *n* χ*nd* ❨ ❩

Talg [167]) des Schenkels (eines Thieres)

11. *âm* ⟨⟩ ° | | | *uí rde ḥr rrt* ° | | |

11. und frisches Baumöl? auf das Mittel zu thun.

kt dr ⟨_⟩ *pst* ◯ *m mrt* ⟨⟩

Anderes zum Vertreiben des Gerstenkornes oder des Chalazions, d. i. das Diminutiv von χάλαζα die Hagelschlosse, im Auge:

msdmt ° | | | |

Stibium

snn ° | | | |

Opalharzkörner?

χ*t* ⌐ *'a* 12. *ue* ° | | | |

arab. Holz- 12. pulver?

stm ⟨⟩ *mrt* ⟨⟩ *âm*

das Auge damit salben.

kt nt dr ⟨_⟩ *uâf* ⟨⟩ [169]) *śnë* ⟨⟩ *m mrt* ⟨⟩

Anderes zum Beseitigen der Einstülpung der Haare im Auge.

Trichiasis, Haar- oder Wimperkrankheit.

Nach Hirschberg S. 109 ist die Trichiasis so alt wie die Augenheilkunde. Sie kommt schon in Hippokrates vor ed. Kühn II, 97 [169]),

---

167) S. zu LVIII, 18.

168) *uâf* ⟨⟩ mit einstülpen zu übersetzen, sind wir voll berechtigt; denn es hat gewöhnlich die Bedeutung des sich Krümmens, vom Menschen an, der sich zusammenkrümmt bis zur Arbeit des Seilers hin, die man aufwickelt. Die zweite Bedeutung des Bändigens und Beugens ist wohl von der ersten des Krümmens, zu Boden Krümmens abhängig. In unserem Pap. heisst es zu XCII, 3 *rrt* ° | | | *nt mstr* ⟨⟩ *śmemy* ⟨⟩ ⌐ *uâf* ⟨⟩ *nef tyt* ◯ | | | Mittel für ein Ohr, das beschworen ist, um an ihm zu bändigen das Laufen (den unsauberen Ausfluss). Lieblens Übersetzung νύσσω stossen stechen (Ztschr. 88. S. 127) ist nicht zu halten.

169) Der Anhang zu des Hippokrates Schrift περὶ διαίτης ist freilich nur zum Theil echt.

150, Th. IV S. 88, wird z. B. die folgende Stelle eines medicinischen Dichters citiert [79]:

De pülg ovulus ne ïterum crescat,

Ne crescant iterum loca, quaelibet atra malignum

Verjuncta succo mixto vesperthium

Sanguen.

Hier haben wir also sicher gleichfalls das Blut der Fledermaus gegen Trichiasis verordnet. Das der Wanze finden wir auch in unserer Handschrift. Für die wissenschaftliche Therapie unserer Zeit kann es freilich recht gleichgültig sein, welche Art von Blut gemeint ist. Unser Recept verordnet einen operativen Eingriff, das Ausziehen der Haare. Wenn der Pap. keine anderen chirurgischen Vorschriften enthält, so beweist dies mit nichten, dass die Aegypter keine solchen gekannt hätten. Unsere Handschrift ist eben nur das hermetische Buch von den Arzneimitteln. Das über die Chirurgie oder besser die chirurgischen Instrumente περὶ ὀργάνων, das Clemens von Alexandrien gleichfalls erwähnt, ist leider noch nicht wiederaufgefunden worden. In ihm wird sich manche Augenoperation verzeichnet finden.

LXIII. 14. kt nt tm rde rd ät śn  nw

Ein anderes um nicht wachsen zu lassen das Haar (die Wimpern) in das Auge

m at śdt śt ś ś [80]

nachdem man es ausgezogen.

[79] hermet. S. 197

[80] ...

ntr sntr ○
ııı *nt* ⌐ *hr qe* 15. *yt* ◌ ¦ [175]) *nt*

Weihrauch, zerreiben mit 15. Excrementen der

hntesu ⬗⬗ | R.

Eidechse (Chamaeleon ?, [176])

snf ⌒ *n gu* 🐂 | R.

Blut des Rindes

snf ⌒ *n 'ae* 🐴 | R.

Blut des Esels

16. *snf* ⌒ *n še* 🐖 ? | R.

16. Blut des Schweines

snf ⌒ *n ϑsm* 🐕 | R.

Blut des Windhundes

snf ⌒ *n 'ar* 🦌 | R.

Blut des Hirsches [177]

msdmt ○
ııı | R.

Stibium

17. *uetu* ○
ııı | R.

17. Kieselkupfersalbe ?

nt ⌐ *'an m χt ύαt* | *hr nn snf* ⌒
ııı

fein in Eins zu zerreiben mit diesen Blutarten

rde m åst ⊂⊃ *šn* 🐦 | *pn m χt* ∧   18. *fdt* ⌐ *f*

und zu thun an die Stelle dieses Haares nachdem man es

18. ausgerissen hat,

ån ⌣ *rd* 𝔛 (*n f*

damit es nicht wachse.

kt: snf ⌒ *n dgyt* 🦆 | R.

Ein anderes: Fledermausblut ? [178])

---

[175] S. 219. (87) zu LVI, 13 *qeyt* ◌¦ des *ghs* 🐦 thieres, d. i. der Gazelle ⸺ widen Ziege kopt. ⲅⲟⲟⲥ.

[176] Oder s. oben Dioscor. 1, 52, des Chamäleons.

[177] ⲥⲟⲩⲗ, ⲉⲓⲟⲩⲗ, צבי cervus.

[178] Dass eine Fledermaus und nicht die Wanze gemeint ist S. 298 (166) und s. Anm. 171.

sptĕ ⬯ *n ḥnnu* ○ *me* | R.
der Rand eines neuen Hinkruges

19. *'aḟt* ○ ̣₁₁₁ | R. oder 1 H. (als
19. Honig   Bindemittel)

nt ⌐ *ȧn rde m ȧst* ⊏⊐ *šn* 𓏏 *pn m χt* ⋀
fein zu zerreiben und zu thun an die Stelle dieses Haares
nachdem

ḟdt ⌐ *f*
es ausgerissen.

kt : *mrḥt* ○ ₁₁₁ *gu* 🐂 | R.
Ein anderes : Rinderschmalz

20. *ȧm* ⚓ ○ ₁₁₁ | R.
20. Baumöl?

amim ○ [179]) *n 'apnnt* 𓃹 [180]) | R.
innerer Theil? des 'apnntthieres (Maulwurf??)

nt ⌐ *m χt ủat* | *rde ḥr χt* 𓊪 *rde m ȧst* ⊏⊐

in Eins zerreiben, auf das Feuer stellen und zu thun an
die Stelle

---

179) ⌐ 🦆🦆 ○ ein Eingeweidetheil, in unserem Pap. des *n͑arfisches*
oder Welses XXX, 1, der *Trp*-Gans XXXII, 3 und des *'apnntthieres*. Eine sichere
Bestimmung ist uns nicht gelungen. Den *N͑arfisch* halten wir für den Wels,
erstens weil er gemein, zweitens weil er fett ist, drittens aber weil im Grabe
des *Ti* bei dem *N͑ar* genannten Fische die für die Siluren charakteristischen Bart-
fäden sehr deutlich dargestellt sind. Der *N͑arfisch* ist es, der den in den Nil ge-
worfenen Phallus des Osiris verschluckt.

180) Das *'apnnt* 𓃹 thier ward bereits besprochen Abth. I S. 158 (26). Ausser
mit 𓃹 wird es auch mit ≋≋ determinirt. Stern's allerdings mit dem ? be-
gleiteten Vorschlag, es mit ⲟϩⲓⲟⲛ zusammenzubringen, ist unannehmbar, weil dies
gewiss auf das griechische ὄφις zurückzuführen ist. Wegen des wechselnden
Determinativums, das es hier für eine Quadrupede, dort für eine Schlange oder
einen Wurm anzusehen gestattet, haben wir an den Maulwurf gedacht. Das
koptische ⲁⲙⲗⲱⲛ kann nichts mit dem altaegyptischen *'apnn-t* zu thun haben,
weil ⲁⲙⲗⲱⲛ masc., *'apnnt* fem. und ⲁⲙⲗⲱⲛ ein verderbtes griech. Wort
ist. Für unsere Deutung spricht nur, dass die Quadrupede »Maulwurf« wie ein
Wurm in der Erde lebt und diese durchwühlt. Die oben erwähnten wechselnden
Determinativa sind 𓃹 (für Quadrupeden) und ≋≋ (für Würmer).

šn 🐦 |

der Haare.

21. *kt . udd* ○ *n uàet* 🦆

21. Anderes: Hirn des uàet-Vogels [181])

gey ⌐__⌐ *'ar* 𓏏 *àm* | *rde m àst* ⊂⊃ *šn* 🐦 | *pn*

zu bestreichen eine Weinrebe (Blatt?) [182]) damit, und (das
Mittel oder Blatt?) auf die Stelle jenes Haares zu thun

m χl ∧

nachdem

LXIV, 1. *fdt* ⌐×⌐ *f*

1. man es ausgerissen hat.

kt nt tm rde rd 𓂝 *šn* 🐦 *m mrt* ⊂⊃

Anderes um nicht wachsen zu lassen das Haar in das Auge

---

181) Der Vogel 🦅🦆🦆 ○ *uàet* 🦆 ist H. L. und ihn näher zu
bestimmen uns nicht gelungen.

182) ⌐ 𓏏 *'ar* in unserem Pap. H. L. ⌐ *'ar*, nicht, wie STERN vorschlägt, ⌐ *at* zu umschreiben. Es bedeutet den Zweig, die Ranke oder das
Blatt. BRUGSCH bringt es mit KIRCHERS ⲁⲗⲱⲟⲧⲓ (ⲛⲓⲁⲗⲱⲟⲩ) rami palmae vel vitis
zusammen, und so haben wir vielleicht in unserem *'ar* 𓏏 die Rebe des Wein-
stockes, zu sehen, die zu solchem Bestreichen immerhin verwendbar. Übrigens
scheinen uns die Stellen, wo es sonst vorkommnt, gleichfalls für die Bedeutung
»Ranke, Stengel« zu zeugen. Der Satz aus DÜMICHEN's Dendera XXXV, 12 *mnhy*
𓏏 *m àtàḥ* 𓏤 ⌐ *sënë* 🐟 *tp 'ar-t* 𓏏 *f* wird wohl bedeuten: Die Lotospflanze
im Sumpfe, ihre Lilienblume (schwimmt) auf ihrem Stängel. Ebenso BRUGSCH.
ⲁⲗⲱⲟⲩ ist der Zweig im Gegensatz zum Stamme. Im Bulaq-Pap. III, 12 ist *χ'a-k*
▬ 𓏏 𓏏 *ubn* ☉-*k m šša* 𓏤 eher zu übersetzen: Du trittst hervor auf den
Stengel und Du erhebst Dich (gehst auf) aus den Samenkörnern (Staubgefässen),
als: Du trittst hervor aus den Halmen und Du erscheinst aus den Samenkörnern.
Vielleicht sind die *šša* 𓏤 auch die grossen Staubgefässe der Lotosblume und jeder
Wasserlilie. Die starken gelben Samentheile, die man an unseren Mummeln kennt,
bilden mit den Blättern die Blume. Die Sonne erhebt sich aus ihr, und daran
scheint der Autor zu denken. ⌐ 🦆 , ⌐ ⌐ *'ar*, *àrt* die Rolle, das be-
schriebene Blatt. Doch, kann vielleicht mit 𓏏 determ. ein Pflanzenblatt sein.

m χt ∧ *fdt* ⎯⎯ *f*:

nachdem es ausgerissen ward:

ḥs ◯ ııı   2. *n 'aff* |

Fliegen- 2. dreck

mnšt ◯ ııı |

Mennige

mūt 〰〰

Urin

χeu ⌐⌐ *rde m ȧst* ⊏⊐ *šn* pn m χt ∧

vermischen und zu thun auf die Stelle dieses Haares nachdem

3. *fdt* ⌐✕⌐·*f*

3. es ausgerupft ist.

kt rrt ◯ ııı *nt dr* ⸗⸗ *pdst* ◯ *m mrt* ⊂⊃

Anderes Mittel zum Vertreiben des Gerstenkornes oder der

Granulation im Auge [183]:

snn ◯ ııı | R.

Opalharzkörner

msdumt ◯ ııı | R.

Stibium

4. *χt* ⌐ *'aue* ◯ ııı | R.

4. Arab. Holzpulver?

stm ⊂⊃ *mrtè* ◇ *ȧm*

die Augen damit salben.

kt nt dr ⸗⸗ *qnt* ⌐ *m mrt* ⊂⊃

Anderes zum Vertreiben des Fettes im Auge. d. i. des

Xanthelasma (Xanthoma) oder vielleicht der Pinguecula [184]:

est ⌐ □   5. *nt ds* ⌐

Stein 5. des Messers (Schleifstein) [185]

---

183) S. zu LVII, 15 S. 233 (101) Anm. 53.

184) Näheres über *qnȧt* = *qnt* d. i. Fett und die genannten Leiden zu LXII, 22 S. 292 (160) Anm. 155.

185) Stern und ihm folgend H. Brugsch übersetzen ⌐ ⌐ □ *est* terra figularis oder Töpferthon; doch wissen wir nicht, was unter Töpferthon des Messers — und die gleiche Gruppe kehrt LXXXVIII, 19 wieder — zu verstehen

χeu ⌐ *hr hse* ∿∿ ○ *du r s spu* ⊗ *'aseu* |
                  ∿∿ ||| |||

vermischen mit frischer Milch und sehr häufig darauf thun.

kt nt   6. *psh* ╲ 𓃻 ᴵᴺᴵ *n rmʋ* 𓃻 𓎛 |

Ein anderes gegen   6. einen Stich von Menschenhand.

χ'aau ○ *nu 'andu* δ | [187])
        |||

Stücke des 'andugefässes

àeqt 𓏲 [188]
       |||

calamus L., deutsch: Calmus oder Magenwurz

qnqn ⌐✕⌐ *àr*   7. *m χt ủat* | *ut* ⌐_⌐ *hr s*

zerstossen, in Eins   7. verschmelzen und damit verbinden.

kt rrt ○ *sen* || *nut*
        |||

Ein anderes zweites Mittel:

ntr sntr ○ |
          |||

Weihrauch

wäre. Wie das Determinativum ▭ lehrt, muss *est* ein Stein sein, und so scheint
uns denn unser »Stein des Messers« kaum etwas anderes als der Wetz- oder
Schleifstein bedeuten zu können. Dieser gehört denn auch nach Dioscorides V,
167 (168) zu den Heilmitteln. Eingerieben half er nackte Stellen neu mit Haaren
zu versehen, er hielt das Wachsthum der Brüste der Jungfrauen zurück, bewirkte
mit Essig genommen die Erweichung der Milz und half gegen Epilepsie. LXXX, 19
des Pap. Eb. wird der Stein des Messers gegen die *uess* ○ krankheit verordnet,
                                                        |||
die eine Einreibung erforderte und ein mit Blutandrang verbundenes äusseres
Leiden zu sein scheint. Das Medicament soll verwandt werden, damit »falle
das Blut«. Gegen die gleichen Übel wird also der Schleifstein im Pap. Ebers
nicht verschrieben wie von Dioscorides, doch kann *est* 𓀁 *nt ds* ╲ kaum etwas
                                                                      ▭
anderes bedeuten als den Schleifstein. Den Feuerstein, aus dem Messer verfertigt
wurden, lernten wir schon LIX, 20 als des ╲ *qm* kennen.
                                          ▭

186) Das längst bekannte ▯ 𓀁 𓃻 *psh* 𓃻 bedeutet beissen und stechen,
auch in unserem Pap. z. B. von Insekten, steht XCVII, 21 ein Mittel gegen den
Mückenstich *psh* ╲ 𓃻 *'aff* 𓅮. Wörtlich lautet der Satz o. Z. 5 u. 6.: Ein anderes gegen den Stich der Menschen (in das Auge).

187) Abth. I S. 149 (17) N. 16 und 152—153 (20—21) N. 30 unter
χ'aau ○ und *'andu* δ.
        |||

188) Kopt. ⲁⲕⲉ calamus officinarum. Bei Dioscorides *ἄκορον* I, 2. Auch
als Augenmittel erwähnt. Theophrast hist. plant. IX, 7.

χntė ⁰||| |

Grünerde

udd ◯ n uåtė 🦌 |

Hirn der Gazelle oder wilden Ziege

8. *år m χt uåt | ut 🝚 ḥr s .*

8. in Eins verschmelzen und damit verbinden.

kt rrt ⁰||| *χmt ||| nut*

Anderes drittes Mittel:

ntrtu 🜨 | R.

ntrtupflanze, Gotteskraut?

ntr sntr ⁰||| | R.

Weihrauch

ututut ⁰||| | R.

Knoblauch [189])

9. *ps* 🏺 *år m nnudt-* ⁰||| *ut 🝚 ḥr-s*

9. zu kochen zu einer Salbe und damit Umschläge zu machen.

kt :

Ein anderes:

ut 🝚 ån-k su ḥr åuf ⁰||| *ut' hru ⊙ tpė*

Mache ihm Umschläge mit frischem Fleische am ersten Tage

10. *år m χt ∧ stuχ-k su m mrḥt* ⁰||| *'aft* ⁰|||

10. sei es nachdem Du ihn behandelt mit Öl und Honig

r ntm-f år m χt ∧ 11. *rde χr-k mrḥt* ⁰|||

um ihm gut zu thun, sei es nachdem 11. Du ihm gegeben hast Öl

ḥr mnḥ ⁰||| *r ntm-f ḥr åuė*

mit Wachs um ihm gut zu thun auf der Stelle.

---

189) Stern brachte es mit dem kopt. ⲁⲉⲧⲃⲉⲧ pisum arvense zusammen, doch weist schon die Gestalt des Zeichens auf den Knoblauch, wie die Denkmäler ihn mehrfach darstellen. Wo das Wort früher vorkommt, wird es mit 🜨, von dieser Stelle an mit ⁰||| determiniert.

árt r ṯpro n edu ⟵

Mittel gegen die Krokodilrachenkrankheit.　**Pterygion oder
Cancroid** [190]).

12.　*ár χe-k ṯpro n edu* ⟵

12.　Triffst Du den Krokodilrachen

qmm-k su χá ⌣ *àuf* ͦ-*f utá šutë* ∫∫ *fë*

und Du findest ihn so, dass sein Fleisch die gleiche Stellung
im Stich lässt an seinen beiden Seiten,

13.　*ut* ⌣ *χr-k su ḥr àuf* ͦ *uí hru* ⊙ *tpë*

13.　so mache ihm Umschläge mit frischem Fleisch am ersten
Tage

màtt šu 𝍐 *àuf* ͦ *nb n se* ⚶

u. desgl. (behandele ihn ebenso) wenn getrocknet ist alles
Fleisch des Patienten [191]).

---

190) S. zu LIX, 1 S. 254 (122).

191) S. 255 u. 56 (123 u. 24), zu LIX, 1 ff.

Fortlaufende Uebersetzung
des Kapitels über die Augenleiden der alten Aegypter.
Papyrus Ebers LV, 20—LXIV, 13.

———

LV, 20. *Es beginnt das Buch von den Augen. Mittel gegen das Wachsen* 21. *des Krankhaften, welches sich im Blute im Auge in dem das Auge erfüllenden Blute befindet.*

Oberaegyptisches Natron oder Salpeter	Ro
Honig	Ro oder Hin

LVI, 1. Kümmel (*tpnn* _○/|||) | Ro

nḥd _○/||| Zahnkörner. Eine Weihrauchart. | Ro.

Behandeln das Wasser im Auge. **Hydrophthalmus.**

Weihrauch	Ro
Myrrhen	Ro
tntm _○/||| samen oder Beeren	Ro

2. χntē Grünerde | Ro

Behandlung der Krankheit des Wachsens (**Staphylom.**)

Unteraegyptische Natronart	Ro
mnšt _○/||| Mennige	Ro
uetu _○/||| grüne Augenschminke, wahrscheinlich Grünspan[192])	Ro

3. Honig | Ro oder | Hin.

Darauf sollst Du für ihn bereiten:

Oel	Ro
Das Vordere und Hintere? des Wachses	Ro

4. msfn Same oder Korn? | Ro

———

192) *uetu* ist eher Grünspan als Kieselkupfer. Was uns nach Abschluss dieser Arbeit darauf brachte, findet sich im Anhang. Oben ist überall Kieselkupfer in Grünspan zu verbessern.

Auslese vom Weihrauch | Ro

χntē _{|||} Grünerde | Ro

Das schwarze hinter arab. Holzpulver | Ro

5. Weihrauchkörner | Ro

   Gänseschmalz | Ro

   Bodensatz der Grünerde (*χnté* _{|||}) | Ro

   Stibium | Ro

   Oel | H. als Bindemittel.

6. Mache damit vier Tage lang Umschläge, auf dass Du nicht heftig befallen werdest.

Andere Mittel gegen die Verschleierung ıtχıı 7. *im Auge* (*Irititische Affection oder Infiltration der Hornhaut*) *am ersten Tage:*

Sumpfwasser | H.

am zweiten Tage:

Honig | Ro

Stibium | Ro

8. auf einen Tag.

Wenn es blutig ist:

Honig | Ro

Stibium | Ro

Auf 2 Tage Umschläge damit machen. *Wenn sich häufig Wasser aus dem Auge ergiesst.* 9. so bereite dagegen die Mittel der 'afs ☐ *krankheit* (mouches volantes.)

deu _{|||} samen? | Ro

uel'u _{|||} Grünspansalbe | Ro

10. Weihrauch | Ro

   Spitze der Papyruspflanze | Ro

   Zu kochen.

   Harz (*ádn*) der Mimosa oder acacia nilotica | Ro

   Stibium | Ro

   uel'u _{|||} Grünspansalbe | Ro

11. *ťert* _{|||} Zwiebeln? | Ro

Wasser | H.

Zerreiben und in das Innere des Auges thun.

Ein anderes zum Vertreiben des ḥetāē ⊓⊓⊓ *im Auge.* **d. i. der Lippitudo oder des Augenflusses.**

12. Myrrhen | Ro

   Se ur (grosser Schutz) Bleivitriol?

   σῶϱυ?? Atramentstein?? | Ro

   Körnchen (des Stibium oder der *uet'u*

   ○ Salbe?) | Ro
   ⫶⫶⫶

   t'ert ○ Zwiebeln? | Ro
       ⫶⫶⫶

   Geytkraut des Nordens (Cyperus, Papyrus-

   staude a. d. Delta) | Ro

   uet'u ○ Grünspansalbe | Ro
      ⫶⫶⫶

13. Excremente der Gazelle | Ro

   Eingeweide der Antilope | Ro

   klares Oel.

   Zu Wasser thun.

14. Feucht hinstellen, durchseihen und 4 Tage lang Umschläge damit machen. Auch kann man es mit der Feder eines 15. Geiers einpinseln.

   Ein anderes:

   msfn ○ Same oder Korn? | Ro
     ⫶⫶⫶

   usfeu des Sees. Pistia stratiotes? | Ro

   Zweige des Nord- oder Sumpflandes

   (Zweige der Mastix Pistacie?) | Ro

16. Hast Du ihm darauf | Ro Mark und | Ro Wachs zu-rechtgemacht, so wende es dann bei ihm an.

   Ein anderes zur Abwehr des Krankhaften (**oder der**

   Schmerzen *uχdu* ◎) *in* 17. *den Augen.*
     ⫶⫶⫶

   Stibium | Ro

   Dinte (*anu* ○) | Ro
      ⫶⫶⫶

   und das Auge damit salben.

   Ein anderes zum Eröffnen des Gesichtes. d. i. zum Schärfen

des Sehvermögens 18. zum Gebrauch für die Augen.
wenn man geschlafen hat?[193]

tntàsamen?	Ro
Inneres der *ksbt* $\overset{o}{111}$ frucht. Ricinus frutex??	Ro
Stibium	Ro
19. Wasser	H.

fein zerreiben, in Eins verbinden und sodann auf die Augen
thun.

Ein anderes:

ťert $\overset{o}{111}$ Zwiebeln?	Ro
Das Innere der *uťayt* $\circ$ frucht?	Ro

**20. Dies verbinde man mit einem R. oder H. Oel, mache
es zu einem Brei, lasse es trocknen, rühre darin
herum** [194]) **nachdem es getrocknet, und thue dies sodann auf die Augen.**

Ein anderes.

Gewordenes, Product des Stibium d. i.	
Stibiumoxyd.	Ro
LVII, 1. *ťert* $\overset{o}{111}$ Zwiebeln?	Ro
χntě $\overset{o}{111}$ Grünerde	Ro
Excremente des Krokodiles	Ro
se ur $\overset{o}{111}$ Bleivitriol? σῶρυ?? Atra-	
mentstein??	Ro
ḥsmn $\overset{o}{111}$ *dšr* rothes Natron	Ro
2. Honig	Hin

In Eins verbinden und hernach auf die Augen thun.

Ein anderes für das Stillicidium 3. der Pupille des Auges[195].

Hypopyon?

---

193) Vielleicht: Von denen, die man hinter die Augen legt.

194) Mische ihn damit (etwa mit dem Öle) geht nicht an, weil »ám-f« ge-
sagt wird und *mrḫt* $\odot$ das Öl femin. ist. Man sehe XXVI, 12 *mrḫt* $\overset{o}{111}$ *ḫtt* $\odot$ und
LXXIII *mrḫt* $\overset{o}{111}$ met.

195) Da die Pupille nicht fliesst, kann nur der Eitererguss über dieselbe
gemeint sein. Die Auffassung »für das Zusammenziehen der Pupille« ward wider-
legt S. 221 (92) Anm. 39 a.

χpe ⟅ Abgekratztes, Drechsel- oder Feil-
spähne von Ebenholz | Ro
Oberaegyptisches Natron oder Salpeter | Ro
S. 226 (94) Anm. 42.)
Aufgelöst in Wasser auf die Augen zu thun 4. sehr oft.

*Ein Anderes zum Beseitigen der Verkalkung in den Meibom-
schen Drüsen*[196])

Stibium | Ro
Mennige? | Ro

5. Grünerde. χntẽ $\overset{\text{o}}{\text{III}}$ | Ro
Rothes Natron | Ro
Hernach auf die Augen thun.

*Ein anderes zum Vertreiben des Albugo 'Leukoma' der
Augen:*

6. Schildkrötengehirn | Ro
Honig | Ro
Sodann auf die Augen thun.

Anderes zum Vertreiben des Blutes 7. in den Augen; — d. i.
des Blutergusses in die vordere Augenkammer:
Dinte | Ro[197])

Grünspansalbe (*uet'u* $\overset{\text{o}}{\text{III}}$)   4 Ro
Stibium | Ro
Arab. Holzpulver? | Ro
Zwiebeln? (*lert* $\overset{\text{o}}{\text{III}}$) | Ro

8. Wasser | Hin
Fein zerreiben und auf die Augen thun.

*Andere Mittel hergestellt gegen die Verschleierung — tχn ⟐ —
(irilitische Affection), welche um sich greift im Auge:*

9. getrocknete Excremente aus dem Leib
eines Kindes | Ro

---

196) *uhet* ⟅ ┆ *m mrtẽ* ⟐. Die *uhet* ⟅ ┆ sind im Leibe die Stein- und
Griesbildungen; bei den Augenkrankheiten vielleicht auch das Atheroma oder der
Grützbeutel.

197) Vielleicht sind hier die 1 und 4 hinter den Droguen als »Theile« und
nicht als Ro zu fassen.

Honig. | Ro

Zu frischer Milch und hernach auf die Augen thun.

10. *Ein anderes zum Vertreiben des Umdrehleidens (nhet ⊙) in den Augen*, d. i. das Ectropium oder Entropium, die Aus- und Einstülpung der Augenlider:

Schildkrötengehirn | Ro

Salböl *abra* 𓏤𓏤𓏤 ? | Ro

Auf die Augen thun.

11. *Ein anderes gegen die Hitze (Entzündung), die sich in den Augen befindet:*

Gebratene und? (*auf* ⌣) Rindsleber

12. Gebe man dagegen der Ordnung gemäss.

Ein anderes zum Vertreiben des Blutes in den Augen, d. i. des Blutergusses in die vordere Kammer oder einfach *Röthe der Augen*

Weihrauch | Ro

Chelidonium majus, gemeines Schöll-

kraut *mett* ⌣ | Ro

Auf die Augen thun.

13. *Ein anderes zum Vertreiben der Entzündungen aus den Augen.*

Zwiebeln? *tert* 𓏤𓏤𓏤 | Ro

Stibium | Ro

Tutiasteen? | Ro

14. Sodann auf die Augen thun.

Ein anderes zum Vertreiben des Pterygium?

Pterygula oder Xanthelasma.

Stibium | Ro

Grünspanssalbe *mett* 𓏤𓏤𓏤 | Ro

Neutage | Ro

15. Bleiweiss? *hage?* Armenienstein? | Ro

Honig | Hin

Sodann auf die Augen thun.

Ein anderes zum Vertreiben der Entzündung?

d. i. das Verkleben des Lides an den Augen des Grün-
t ? ?

es ist kaum mit der Ueberset. Beziehung gemeint sein.

16. Stibium | Ro

Grünspansalbe (uetu $\overset{\circ}{\underset{|\,|\,|}{}}$) | Ro

Zwiebeln? (tert $\overset{\circ}{\underset{|\,|\,|}{}}$) | Ro

Arab. Holzpulver? | Ro

msfnsame oder Korn? | Ro

17. Mit Wasser zerreiben und sodann auf die Augen thun.

Ein anderes gegen die Blindheit oder nur Blödsichtigkeit: Von Schweinsaugen nehme man das darin befindliche Wasser,

18. Stibium | Ro

Mennige | Ro

Wild- oder Naturhonig. | Ro

Fein zerreiben 19. und in Eins verbinden.

Dies spritze man in das Ohr des Patienten, damit er auf der Stelle gesunde.

20. Hast Du ihn der Ordnung gemäss einer Inspection unterzogen, so sprich als Beschwörung: »Dies hab' ich genommen und auf den Sitz 21. des Leidens gethan.

Sei gelähmt Krokodil (Unhold!) Sei gelähmt Krokodil (Unhold!)

Ein anderes zum Vertreiben der Blindheit Blödsichtigkeit: in den Augen an dem

LVIII,

1. *Rundkörper (bnn* ○) :

Pupillarverschluss oder die Staarbildung.[199]

Getrocknete Myrrhen zerreibe man mit geronnener? Milch

2. und thue es sodann auf die Augen.

Ein anderes :

Zwiebeln (tert $\overset{\circ}{\underset{|\,|\,|}{}}$)? vermische man mit 1 Ro (oder H.?) 3.

Honig und thu' es hernach auf die Augen.

---

199) Die Übersetzung: Ein anderes zum Vertreiben der Blödsichtigkeit durch ein Amulet, ist nicht zulässig. S. 235 (103) Anm. 59.

Ein anderes zum Behandeln des Gesichtes (Blickes) 4. in den Augen:

Stibium		Ro
Dinte		Ro
Zwiebeln? (*Cert* ᵒ₁₁₁)		Ro

5. *msn* ᵒ₁₁₁ Same oder Korn?　　　　| Ro

Männliches[200]) Stibium

Dies verbinde man 6. in Eins und thu' es auf die Augen.

Ein anderes zum Vertreiben des Weisswerdens in den Augen.

Albugo oder Leucoma.

7. *Wenn es donnert am Himmel des Südens gen Abend, und es gewittert* 8. *am Himmel des Nordens, wenn die Osirissäule ins Wasser stürzt und* 9. *die Schiffsleute des Râ ihre Stangen schwingen, wobei* 10. *die Köpfe in's Wasser fallen, wer ist es dann, der sie fängt und sie findet? — Ich bin es, der sie fängt* 11., *ich bin es, der sie findet, indem ich eure Köpfe zu euch bringe, indem ich eure Hälse* 12. *aufrichte, indem ich an seinen Platz stelle, was an euch abgeschnitten war.* 13. *So führ' ich euch herbei, um zu vertreiben den Gott des Fiebers und jeder Todesart* 14. *u. s. w. Wenn dies ... über das Schiff ... wer ist* 14 *rot* 15 *Honig, gibt man es hernach auf die Augen.*

Ein anderes zum Vertreiben der ... 16. in den ...

Wachholderbeeren *prt šn* ᵒ₁₁₁ von Kpné, Byblos, Gebal?[201]) sind fein zu zerreiben mit 17. Wasser und dem Patienten sodann auf die Augen zu thun, um ihn sogleich zur Genesung zu führen.

5. ...

18. Man nehme Talg von der Kinnlade eines Esels, vermische ihn mit 19. kühlem Wasser und thue dies auf den Augen-

200) Die Rechtvertigung ... Uebersetzung S. ... Anm. 32.
201) Jedenfalls eine Stadt in Phoenicien.

rand des Patienten, um ihn sogleich 20. zur Genesung zu führen.

Ein anderes gegen die Blepharitis oder Lidentzündung:[202])

Man zerstosse chelidonium majus (*mit* 𓏲) mit kühlem Wasser und 21. thue dies dem Patienten auf den (entzündeten) Rand (der Augen), um ihn sogleich zur Genesung zu führen.

Ein anderes:

Den (zerstossenen) Zahn 22. eines Esels vermische man mit Wasser und thue dies dem Patienten auf seinen (entzündeten) Rand (des Auges[203]), um ihn sogleich zur Genesung zu führen.

LIX.

1. *Ein anderes zum Vertreiben des Krokodils im Auge:* Pterygion? Lidrandkrebs?[204])

Excremente des Hnutvogels?	ǀ Ro
Nord- oder Seesalz	ǀ Ro
Weihrauch	ǀ Ro

in Eins verbinden und 2. in das Innere des Auges thun.

Ein Anderes zum Vertreiben der Entzündungen:

Man thue oberaegypt. Natron oder Salpeter in 3. Quellwasser und flösse es in das Auge, um ihn (den Patienten) zu heilen.

Ein anderes zum vertreiben einer Geschwulst (χnt ⌖) in den Augen: (Lidabscess, Atheroma.)

4. Stibium ⅟₃₂ D.

Opalharz 104. (*snn* $\underset{|\,|\,|}{\circ}$) ⅟₁₆ D.

---

202) Wörtlich: Entzündung »des Randes«, wobei nicht angegeben ist, ob nicht auch der Rand des Mundes oder der Lippen gemeint. Die Gruppe 𓏴𓂋 für das Eczema oder die Hitzblattern zu halten, geht nicht wohl an. S. S. 252 (120) Anm. 77. Ob an Herpes zu denken? S. 253 (121) Anm. 78.

203) Wenn Herpes gemeint sein sollte, hat man auch an den Mund mit den Herpes-Bläschen zu denken.

204) S. S. 257 (125) Anm. 81.

Das mit Stibium verwandte Mineral

ḥtm ° $\quad$ ¹/₁₆ D.
$\;$ ɪɪɪ

Dinte $\qquad\qquad\qquad\qquad$ ¹/₆₄ D.

Frische 5. Myrrhen $\qquad\qquad$ ¹/₆₄ D.

Oberaeg. Natron oder Salpeter. $\quad$ ¹/₆₄ D.

Dies zerreibe man' fein, verbinde es in Eins und thu' es
auf die Augen, um sie 6. sogleich zur Heilung zu bringen.

*Ein anderes zum Vertreiben der Chemosis (bâdě ⟨◎⟩ in
den Augen:*

Echtes 7. Stibium soll man auf 4 Tage in einem Hinkruge
zu Wasser thun; dann aber nehme man es abermals zur
Hand und thue es 4 Tage lang mit 8. Gänseschmalz zusammen. Dabei soll man es (das Auge) auswaschen mit
der Milch einer Frau, die ein männliches Kind geboren.
9. Endlich lasse man es (das Medicament oder Auge?[205])
9 Tage lang trocknen, und hat man es (das Medicament)
zerrieben mit Zuthat eines ganzen Stückes Myrrhen 10. so
salbe man die Augen damit.

Ein anderes zum Vertreiben des Krokodils im Auge (Pterygium oder Randcarcinom) *zum ersten male* 11. *nachdem man eine Beschwörung daruber gesprochen:*

Käferwachs oder eine Honigwabe 12. thue man 4
Tage lang auf das Auge.

Zweite Verordnung:

Chalkitissalbe $\qquad\qquad\qquad$ ¹/₈ D.

Stibium $\qquad\qquad\qquad\qquad$ ¹/₈ D.

Arabisches Holzpulver? $\qquad\qquad$ ¹/₈ D.

Oberaeg. Natron oder Salpeter $\quad$ ¹/₈ D.

13. Dies zerreibe man in Eins und thue es 4 Tage lang
auf das Auge.

Ein anderes:

Excremente 14. der Eidechse

(ḥntesu ⇌) $\qquad\qquad\qquad\qquad$ I Ro

---

205) Beide sind weiblichen Geschlechtes und darum nur mit Rücksicht auf
den Sinn zu unterscheiden.

Oberaeg. Natron oder Salpeter | Ro
Stibium | Ro
Naturhonig | Ro oder H.
Dies zerreibe man 15. in Eins und thue es auf die Augen.
Ein anderes:
Mennige | Ro
Stibium | Ro
Naturhonig. | Ro oder H.
16. Dies verbinde man in Eins und thue es auf die Augen.
Ein anderes:
Chalkitissalbe | Ro
Honig | Ro
Dies thue man 17. 4 Tage lang auf die Augen.
Ein anderes:
Mennige | Ro
Stibium | Ro
Opalharz? | Ro
Naturhonig | Ro oder H.
18. Dies zerreibe man in Eins und thue es vier Tage lang auf die Augen.
Ein anderes:
Mennige | Ro
Oberaeg. Holzpulver? | Ro
Eisen von 19. Qsê [206] | Ro
Die Stibiumart *ḥtmt* $\overset{\circ}{|||}$ | Ro
Straussenei | Ro
Oberaeg. Natron oder Salpeter | Ro
Schwefelpulver? | Ro
20. Honig. | H.
Dies verbinde man in Eins und thue es auf die Augen.
Ein anderes.
Schwarzer (gebrannter) Messer- oder Flintstein | Ro

---

206) Das heutige Qûs in Oberaegypten.

21. Weihrauch | Ro
    Stibium | Ro
    Honig. | Ro oder H.
    Dies thue man 4 Tage lang auf die Augen.

Ein Anderes gegen 22. *die Phlegmone* (*ʃʃʃ* $\overset{\circ}{_{|||}}$) *im Auge:*

    Plastischer Thon | Ro
    Ricinusblätter | Ro
    Honig; | Ro ·
23. für denjenigen, dessen Augen sich im Zustande
    der Chemosis (*bâdê* ⬦⬦) befinden.

LX

1. Man zerreibe es fein, verbinde es in Eins und
   thue es auf die Augen.

Ein anderes zum Öffnen, Schärfen des Gesichtes:

2. Stibium   ⅓ D.
   Oberaeg. Holzpulver   ¼ D.
   Opalharz? (*snn* $\overset{\circ}{_{|||}}$)   ¼ D.
   Dinte   1/64 D.
   Oberaeg. Natron oder Salpeter   1/64 D.
3. Myrrhen.   1/64 D.
   Dies zerreibe man in Eins und salbe die Augen
   damit.

*Ein anderes zum Beseitigen . . . des sich Brechens des Was-
sers . . . Augen,* d. i. der Cataracta oder des Staares:

    Echter Lapis lazuli | Ro
    Grünspansalbe (*uet'u* $\overset{\circ}{_{|||}}$) | Ro
    Opalharz? *snn* $\overset{\circ}{_{|||}}$) | Ro
    Milch | Ro oder H.[207]
5. Stibium | Ro
   Krokodilerde (Nilschlamm?) | Ro

---

207) Freilich steht die Milch, wenn sie als Bindemittel zu betrachten wäre,
unregelmässig statt am Ende, in der Mitte des Receptes, und so wird wohl auch
von ihr nur ein R. oder soviel wie von den anderen zu gleichen Theilen verschriebenen Drogen zu nehmen sein.

? einer Art von Weihrauch (*śbt* $\overset{\circ}{\underset{| \, | \, |}{}}$) | Ro

Dies verbinde man in 6. Eins und thue es sodann auf die Augen.

Ein anderes:

shtt $\overset{\circ}{\underset{| \, | \, |}{}}$ körner? | Ro

Gänseschmalz | Ro

Naturhonig. | Ro

7. Dies soll in Eins verbunden und 4 Tage lang auf die Augen gethan werden.

Ein anderes:

msʃu $\overset{\circ}{\underset{| \, | \, |}{}}$ körner? | Ro

Grünspansalbe (*ueʃu* $\overset{\circ}{\underset{| \, | \, |}{}}$) . | Ro

Was aus 8. seinem Lande heraustritt.

(Marieenglas oder Gyps?) | Ro

Dies zerreibe man, verbinde es in Eins und salbe die Augen damit.

Ein anderes gegen die Verschleierung 9. *am Auge:* **Irititische Affection oder Infiltration der Hornhaut:**

gekochtes šeše? | Ro

Zwiebeln? (*ʃert* $\overset{\circ}{\underset{| \, | \, |}{}}$) | Ro

Honig. | Ro

Dies zerreibe man fein und bewahre es in 10. Zeug auf, um das Auge damit zu verbinden, das von der irititischen Affection befallen wurde, und (thu') es hernach auf die Augen.

Ein anderes zum Vertreiben 11. *des Albugo* (**oder Leucoma**) *im Auge.*

Glaskopf oder Haematit? (*met* ☐) zerreibe man fein, presse es in Zeug und lege es auf die Augen.

12. *Andere Mittel zum Vertreiben des Ectropiums oder Entropiums übet — an den Augen:*

Harz? (*àdn*) der Nilacacie (mimosa nilotica) | Ro

Zwiebelpulver oder zerriebene Zwiebeln?

(*ʃert* $\overset{\circ}{\underset{| \, | \, |}{}}$) | Ro

mische Cyperus (mit ...); dies aber lege ...
das Auge der Ordnung gemäss.

... einige Tropfen ... Der Gott ...
zur Zeit, wo er ist. Daraus kommt ...
... Auge des Horus; ... Gott ...
... hervorgeht (?) aus Osiris ...
(dem Balsamen) und nehme von ...
den Eiter, das Blut, das Augen ...
Chemosis (bei ...), die Blindheit (dunkel-
igkeit), den Eiterfluss (lippitudo), ...
wirket der Gott der Entzündungen; ...
art, 21. jeder Art der Schmerzen und ...
Dinge, die sich befinden in diesen Aug...
ihrer auch sind!

22. So ist es zu sprechen über die Gräs...
(hier ...), aufgelöst in Katerwachs ..., den ...

LXI.

1. mische Cyperus (mit ...); dies aber lege ...
das Auge der Ordnung gemäss.

191] Gott der zweiten Dacota, die ... Pap. gebraucht, ...
... ... den Patienten selbst ..., der gesund ist.
202] König des Südens.

Zu gleichen Theilen zu nehmen und darauf zu
ordentlich häufig 1. der Linderung zeigen in
Augen zu thun.

Ein anderes zum, Heilen der Wimen, des Juck... ...
in den Augen oder das umzusammenzusetzen Ingwers
Getrocknete Myrricen.

3. Zähnfrankkörner oder Senge (nötig). Nicht Damilius ...
tics. Eine schön duftende, milchweisse oder rothe Harz-
art. S. S. 276 u. 277 (144 s. 145) Anm. 145.
Grünspansalbe (uel's)
Zu gleichen Theilen nehmen und sodann auf die
Augen thun.

Mittel für den dritten 5. bis zum vierten Monat
der Jahreszeit des Sprossens, (vom 17. Januar
bis 15. Februar):

Stibium
Obenreg. Natron oder Salpeter?
Das dem Stibium verwandte Mineral ...
Arab. Spiesglanz?

5. Zu gleichen Theilen nehmen und auf die Augen
thun.

Eine andere Augensalbe (anwenden in den Zeiten
der Mitte, der Sprossen, doch nur 15 ...
in dem drei israelitischen oder 12 ...
ägyptischen Monaten

7. Man ist ...
des Ingwers ...
bringen und ...
Ein anderes

Grünspansalbe (*uet̆u* $\overset{o}{|||}$)

Lapis Lazuli

Honig.

9. Grünerde (*χute̓*).

Dies nehme man zu gleichen Theilen, rolle es zu einem Nudelteig aus (mache es zu einem gezogenen Teig) und thue es sodann auf die Augen.

Anderes zum Vertreiben 10. einer Geschwulst am Kopfe mit Augensalbe. Ein Atherom (Grützbeutel) oder eine Balggeschwulst:

Stibium	1 D.
Arab. Holzpulver? (*χt̓ 'aue* $\overset{o}{|||}$)	¹/₈ D.
Opalharz? (*snn* $\overset{o}{|||}$)	¹/₁₆ D.

11. Das dem Stibium verwandte Mineral

htm $\overset{o}{|||}$	¹/₁₆ D.
Dinte	¹/₆₄ D.
getrocknete Myrrhen	¹/₆₄ D.
Tnθâbeeren oder Samen?	¹/₆₄ D.

12. *Ande Mittel für das Auge, an dem irgend etwas krank geworden:*

Man nehme Menschengehirn und zerlege es in zwei Hälften 13. Die eine Hälfte davon thue man zu Honig und salbe das Auge damit am Abend; hat man aber seine andere Hälfte 14. getrocknet und fein zerrieben, so salbe man das Auge damit am Morgen.

Ein .... mache die Seh-... An .... wenn ä vor . Tybi des Mechir-Mo-na... ,(17. November bis 16. December des jul. Jahres). Man nehme Stibium, Männliches des 16. Stibiums,[211] sowie Opalharz *snn* zu gleichen Theilen und thu' es auf die Augen.

210 Vom 1. bis zum 2. Monat der Jahreszeit des Sprossens.

211 Über ... das Männliche, S. 237 105 Anm. 62. Zu LVIII. 5. Die zweite Stibiumverordnung bestimmt vielleicht nur näher, dass das vorher verordnete Stibium von der sogenannten weiblichen Sorte genommen werden soll.

Ein anderes:

Man nehme oberaegyptisches Natron und 17. Stibium zu gleichen Theilen, und thu' es sodann auf die Augen.

Ein anderes:

Zwiebeln? (*tert* $\overset{o}{\underset{|\,|\,|}{}}$)
Stibium
Honig.

18. Zu gleichen Theilen nehmen **und auf die Augen thun.**

Ein anderes zum Eröffnen Schärfen des Gesichtes:

Die Scherbe eines neuen 19. Hinkruges,[212] erwärmt mit frischer Milch, thue man sehr oft auf die Augen.

Eine andere Augensalbe zum 20. Öffnen Schärfen des Gesichtes:

Stibium und Mark (oder Klauenfett?) des Rindes thue man auf die Augen.

Ein anderes zum 21. Öffnen Schärfen; des Gesichtes:

Man thue 4 Theile Stibium und 3 Theile Honig auf die Augen.

Ein anderes zum Öffnen Schärfen

LXII

1. *des Gesichtes:*

Stibium
Saft von frischen oder grünen Zwiebeln? (*tert* $\overset{o}{\underset{|\,|\,|}{}}$)
Naturhonig.

2. **Auf die Augen thun.**

Eine andere Augensalbe:

Stibium	2 Theile
Honig	4 Theile
Grünspan (*uet̔u* $\overset{o}{\underset{|\,|\,|}{}}$) salbe	¼ Theil (oder D.?)
Grünerde (*χntě* $\overset{o}{\underset{|\,|\,|}{}}$)	¼ Theil (oder D.?)

---

212) In dem Kapitel περὶ ὀστράκων (V, 177 (178) gibt Dioscorides an, wie und gegen welche Leiden man Scherben, die sehr stark gebrannt sein mussten, zu verwenden habe.

3. Echter Lapis lazuli[213]).

Dies zerreibe man und thu' es auf die Augen.

Eine andere Augensalbe:

Stibium	2 Theile
4. Gänseschmalz	2 Theile
Wasser.	4 Theile[214])

In die Augen zu flössen.

Ein Anderes zum Vertreiben des Albugo oder Leucoma sht'u ☿, welches in den Augen entstanden ist:

1 Theil (oder Ro) Stibium und 1 Theil (oder Ro)

5. arab. Holzpulver (χt *'aue* ○_{|||}) soll fein zerrieben und in die Augen gethan werden.

Ein anderes:

1 Theil Dinte, 1 Theil Stibium und Wasser nach Belieben ist fein zu zerreiben und auf die 6. Augen zu thun.

Ein anderes:

Ebenso zu behandeln sind Ebenholz, Stibium, und Wasser nach Belieben.

Ein anderes:

Die Lunge? des *àbdu* ⟋ fisches, d. i. des Flösselhechtes (Polypterus bichir.) und 7. Stibium ist ebenso zu behandeln.

Ebenso zu behandeln (d. h. fein zu zerreiben und auf die Augen zu thun) ist auch *das andere Mittel:* Sahne und Milch.[215])

Ein anderes zum Vertreiben des Ectropiums oder Entropiums (nhet ☒_{|||}):

8. Stibium	1 Ro
Mennige	1 Ro
Grünerde ($\chi n t \acute{e}$ ○_{|||})	1 Ro
Rothes Natron	1 Ro

Dies zerreibe man und thu' es sodann auf die Augen.

213' Ohne Angabe des Maasses.

214' Vielleicht 4 Hin.

215 Kann auch Sahne von Kuhmilch bedeuten.

9. *Ein anderes zum Vertreiben der Nebel und der Röthe in den Augen:*[216] Allgemeine mit Reizerscheinungen verbundene Trübung der Hornhaut.

Zwiebeln? (*t'ert* $\overset{o}{\underset{\text{I I I}}{}}$)

Harz (*ádn?*) der Mimosa nilotica

Grünspansalbe (*uet* $\smile$ $\overset{o}{\underset{\text{I I I}}{}}$)

10. Milch einer Frau, die einen Knaben geboren.[217]
In Eins verbinden und sodann auf die Augen thun.

Ein anderes 11. zum Vertreiben des Krokodils im Auge:
Pterygium (oder Randcarcinom?)

Stibium	½ D.
Ei eines Geiers	¾ D.[218]

12. Dies zerreibe man fein und thu' es sodann auf die Augen.

Ein anderes:

Stibium	2 D.
Honig	1/64 D.
Grünerde (*χntë* $\overset{o}{\underset{\text{I I I}}{}}$)	1/16 D.

13. Mennige .... ⅛ D.

Opalharz? (*snn* $\overset{o}{\underset{\text{I I I}}{}}$). .... 1/16 D.

Desgl. (d. i. fein zerreiben und sodann auf die Augen thun.)

Ein anderes:

Mennige	1/32 D.
Grünerde, (*χntë* $\overset{o}{\underset{\text{I I I}}{}}$)	¼ D.
Stibium 14.	1/32 D.
Opalharz	1/16 D.
Naturhonig.	2¼ D.

Desgleichen; d. h. fein zerreiben und sodann auf die Augen thun.

---

216) Oder der bösen typhonischen Nebel in den Augen. Roth ist die Farbe des Set-Typhon und wird geradezu für böse, schlimm, schädlich gebraucht.

217) An eine Kuh, die ein männliches Kalb geboren, ist nicht zu denken, weil *t'ey* mit 𓀀 determinirt ist, was stets auf ein menschliches männliches Wesen weist.

218) Vielleicht auch 3/4 des Eis.

l. · · · ·

Schwarzer gebrannter? Flintstein   ', ₈ D.

15. Weihrauch   ', D.

Krokodilerde Nilschlamm? | D.

Honig. | D. oder | H.

Dies thue man auf die Augenbrauen.

Ein anderes:

16. Mennige   ', ₄₄ D.

Grunerde *χηtē* ₁₁₁   ', ₄₄ D.

Naturhonig   ', D.

Stibium   ', D.

17. Opalharz *κκη* ₁₁₁.   ', ₈ D.

Desgl. D. i. auf die Augenbrauen thun.

l. · · · · · · · · // · · · · · · N · · · · · (,· · · ·.

18. Sahne Rahm' und Milch einer Frau.[219] die einen Knaben geboren, in Eins verbinden und in die Augen spritzen oder flössen.

: · · · : · · · · · · !! · · · · · · / · · · / · · · · · ···

· · · · · · · = · · · · · · · · · / · · · · · · : · · · · · · tu

· · · k · : · · · · · · · · · · · · · · · · ·λ · · · · · · · · ·rd:

Arab. Holzpulver *χf 'awe* ₁₁₁ | Ro

20. Grünspansalbe *uefu* ₁₁₁ | Ro

Pulverisierte oder zerstossene Zwiebeln?

tert ₁₁₁ | Ro

Harz *ádη* der Mimosa Nilotica | Ro

Saft der Guillandina moringa L.?

Behenöl [220] | Ro

21. Hat man dies in Eins vereinigt und zu einem trockenen Teig gemacht, so vermische man es mit Wasser und thu' es sodann auf 22. die Augen.

F. · · · · · · · | · · · · · · A · · · · · Xanthelasma oder Pinguecula.

---

219 Könnte auch bedeuten Sahne der Milch einer Frau etc.

220 · · · · · *fu* ₁₁₁ S. 292 160 Anm. 154.

Grünspansalbe (*uet'u* $\overset{\circ}{\text{|||}}$)   2 D.
Dinte | D.
Stibium   2½ D.
Natron | D:

LXIII.

1. Grünerde (*χnte*).   ⅛ D.
Dies zerreibe man mit Wasser und thu' es auf die Augen.

Ein anderes:

Mennige | Ro
Gänseschmalz | Ro
Die Augen sodann damit salben.

2. *Bereite noch ein anderes zum Vertreiben einer Geschwulst an der Nase:* (Thränensackerkrankung. Dacryocystitis).

Stibium | Ro
Arab. Holzpulver? (*χt 'aue* $\overset{\circ}{\text{|||}}$) | Ro
Getrocknete 3. Myrrhen | Ro
Honig. | Ro oder | H.

Damit reibe man das Auge 4 Tage lang ein. Berücksichtige es ja; — denn es ist gewiss das Rechte!

4. *Eine andere Augensalbe bereitet von dem ehrwürdigen Urme (Sonnenpriester von Heliopolis, Anu* 𓉘):

Stibium | Ro
Grünspansalbe (*uet'u* $\overset{\circ}{\text{|||}}$) | Ro

5. Oberaeg. Natron oder Salpeter | Ro
Unteraeg. Natron oder Salpeter[221] | Ro
Mennige | Ro
Arab. Holzpulver? (*χt 'aue* $\overset{\circ}{\text{|||}}$) | Ro
Naturhonig | H.

6. *Ein anderes zum Vertreiben der Blindheit (oder Blödsichtigkeit) in den Augen:*

Man lasse fein zerriebene Zwiebeln? (*t'ert* $\overset{\circ}{\text{|||}}$)

---

221) Über die oberaegyptischen und unteraegyptischen Natron- oder Salpeterarten s. S. 224 (92) Anm. 39.

7. in Zeug wickeln und lege dies, verschlossen in
Naturhonig, auf die Augen.

... ...
... ... Augenmuskellahmung. Oph-
thalmopiegia. Auch, je nach dem geringeren oder
hoheren Grade der Lähmung Paresis oder Paralysis.

Grunspansalbe $\underset{111}{\text{...}}$

Weihrauch

Mennige $=$.

Zerreiben und auf die Augen thun.

... ...
... ...

9. ...... $\underset{111}{\text{...}}$ Korn oder Same | Ro

Datteln | Ro

frische oder grune Datteln | Ro

Durrakorn | Ro

...... Same oder Korn | Ro

Mennige | Ro

10. ...... $\underset{111}{\text{...}}$ Metall | Ro

Salz | Ro

...... frucht | Ro

Schleim | R.

Tag ... ... 11. ... frisches Baumöl?
.... thut man zu dieser Arznei. Als Bindemittel ...... in der Menge eines B
... ...
... ...

Schleim | R.

Opobalsam ... . | R.

Arzt 12. Höhrgriff ... ...   R.

Damit salbe man das Auge

---
111) ... Masse ... ...
222) ... ...

Ein anderes zum Heilen der Einstülpung der Haare in's Auge:[224] Trichiasis, Haar- oder Wimperkrankheit.

Myrrhen	Ro
Blut 13. der Eidechse oder des Chamaeleon.	Ro
Blut der Fledermaus (*dgyt* 🦢).[225]	Ro

Man ziehe die Haare aus und thue das Mittel darauf, um es gesund zu machen.

14. *Ein anderes um das Haar nicht wieder in das Auge wachsen zu lassen, nachdem man es ausgezogen:*

Mit Excrementen der Eidechse (oder des Chamäleons *hntesu* ⟡)

15. zerriebener Weihrauch	Ro
Rinderblut	Ro
Eselsblut	Ro
16. Schweineblut	Ro
Windhundsblut	Ro
Hirschblut	Ro
Stibium	Ro
17. Grünspansalbe? (*uet'u* °₁₁₁).	Ro

Dies zerreibe man fein in Eins mit den genannten Blutarten und thue es an die Stelle jenes Haares nachdem man es 18. ausgerissen hat, damit es nicht (wieder) wachse.

Ein anderes:

Blut der Fledermaus (*dgyt* 🦢)	Ro
Vom Rand eines neuen Hinkruges	Ro
19. Honig	Ro oder H.

Dies zerreibe man fein und thu' es auf die Stelle jenes Haares nachdem man es ausgerissen.

Ein anderes:

Rinderschmalz	Ro

---

224) Es könnte auch gefasst werden »zur Beseitigung und Entwurzelung der Haare im Auge«; doch hätten wir es auch dann mit der Trichiasis zu thun. S. S. 297 (165) Anm. 168.

225) Doch kaum der Wanze.

Dies ...stelle man in Kius, stelle es an's Feuer
und thu es auf die Stelle der Haare.

Hier das Vogels Eier

Damit bestreiche man eine Robet.. „Blatt" und thue
dies auf die Stelle jenes Haares nachdem

Ein anderes zweites Mittel:

Weihrauch | Ro

Grünerde (χnlê) | Ro

Hirn der 8. Gazelle oder wilden Ziege | Ro

Dies bringe man in Eins und mache damit Umschläge.

Ein anderes drittes Mittel:

ntrtu 𓏦 (Gotteskraut?) | Ro

Weihrauch | Ro

Knoblauch. | Ro

9. Dies koche man, gestalte es zu einer Salbe und verbinde damit.

Ein anderes:

Mache ihm Umschläge aus frischem Fleische am ersten Tage, 10. und zwar nachdem Du ihn entweder mit Öl und Honig behandelt hast, um ihm gut zu thun oder 11. nachdem Du Oel und Wachs angewandt hast, um ihm auf der Stelle gut zu thun.

Mittel gegen die Krokodilrachenkrankheit: (Pterygion oder Randcarcinom.) 12. Triffst Du das Pterygium, und Du findest es so, dass seine Gestalt an seinen beiden Seiten die Symmetrie verlor, 13. so mache ihm am ersten Tage Umschläge mit frischem Fleische, und behandele ihn ebenso wenn die Xerosis entstanden ist beim Patienten.[227]

---

227) Wörtlich: Triffst Du den »Krokodilrachen«, und Du findest ihn so, dass sein Fleisch die gleichmässige Stellung einbüsste an seinen beiden Seiten 13. so mache ihm am ersten Tage Umschläge mit frischem Fleische und behandele ihn ebenso wenn vertrocknet ist alles Fleisch des Patienten.

Nachschrift.

Unsere Wissenschaft schreitet schnell vorwärts. Nach Abschluss des Manuscripts dieser Abhandlungen sind dem Verfasser neue Schriften in die Hand gekommen und Forschungen zugänglich gemacht, welche ihn jetzt schon zwingen, etliche seiner Bestimmungen zu unterwerfen und zu ändern. Die schwersten Bedenken erwecken die von H. [...] im Leben gerufenen Forschungen über die [...] der Alten und der [...] der Aegypter; denn [...]

... Anhang, Sachen zu finden verzeichnet ...

... Wege über und von Grund aus ... ... der klinischen Untersuchungen ... ... wirklich geringen ... Deshalb wenig Zweifel ... ... der älteren Zeit aber im Unterricht der ... ... Doch spricht auch manches gegen diese Absicht.

Unter den Schriften, welche uns nach Abschluss der vorliegenden Abhandlung zukamen, verdient in erster Reihe die Strassburger Inauguraldissertation des Dr. Leung „Die über die medizinischen Kenntnisse der alten Aegypter berichtenden Papyri, verglichen mit den medizinischen Schriften griechischer und römischer Autoren. Leipzig 1888." genannt zu werden. Diese wichtige, unter den Augen unseres lieben Collegen Prof. J. Draeser entstandene ... wurd uns von dem letzteren leider erst kurz vor Ostern ... und so war es uns nicht mehr möglich, Rücksicht auf das ... ... und Neue sowie die Irrthümer zu nehmen, die ... Nur eine Bestimmung des Verfassers von ... ... der unseren zu stützen; wir wollen die ... ... reiflicher Überlegung. Einzelkapitel ... ... der That „Grammatik" ... und solche ... ... mit ihren neun Grammatik ... ... laufenden, Fehler ...

feigen und Zwiebeln (*t'ert* ⁰| | |) gern zusammen verordnet werden⁶)
und der Satz Pap. Eb. XLIII, 16

nqaut °| | | *nt nht* ⎯◇   *t'ert* °| | | *repu nt ut* ⬡

d. i. Paste (Pulver?) der Sykomore oder der Zwiebel von der Oase,
beweist, dass Herrn Lüring's Übersetzung unrichtig ist, dass man an
keinen t'ertbaum denken darf und es also bei unserer Bestimmung
S. 212 (80) ff. bleiben muss. Pap. Eb. LXIX, 8 ist
artt | | | *nht* ⎯◇   *t'ert* | | | sicher nicht Milch
oder Saft des t'ertbaumes zu übersetzen, sondern Sykomoren- und
Zwiebelsaft, denen 9. Zwiebelschaalen fol-
gen. Wir heben gerade diese Dinge hervor, weil der Bestimmung
der Gruppe t'ert °| | | ein besonders breiter Raum in unserer Abhand-
lung geweiht wurde, und weil uns das gewonnene Resultat wohl
werth der Berücksichtigung zu sein scheint. Das von Dr. Lüring für
Zwiebeln gehaltene 👥| | | scheint uns kaum etwas anderes als Knob-
lauch bedeuten zu können. Dafür sprechen besonders die Bilder
dieser unter den alten Aegyptern als Zukost so sehr beliebten Pflanze,
die heute noch bei wenigen Mahlzeiten ihrer Nachkommen fehlt.
Fraglich ist endlich noch, ob das hierat. ⃞, *tr* oder *se* zu umschreiben,
ob es zeitlich oder örtlich zu fassen sei: tritt doch das eine hieratische Zeichen ⃞ für ⎔ und ⃓ unterschiedlos ein. In der frühen
Zeit der Entstehung unseres Papyrus ist freilich ⎯⃓, *r tr* schwer
nachweisbar, und die aus dem hieratischen erwachsene Confusion
zwischen ⃓ und ⎔ wird erst in jüngeren Texten häufiger. Dennoch haben wir an der zeitlichen Bedeutung des ⃞ an den meisten
Stellen festgehalten, und das betreffende hieratische Zeichen *tr* umschrieben. Es ist dies ausschliesslich dem Sinne zu Gefallen geschehen; denn wollten wir ⃞ *se* umschreiben, würden wir häufig
»hinter den« oder »hinter die Augen« übersetzen müssen, und was
dies bedeuten soll, ist uns unerfindlich. Etwa an »auf die Schläfen«

---

6) XXVII. 7—11, LXXX. 11, XLVI. 7. Das grosse Recept LXXXII und
LXXXIII etc.

[...] den Kappen für die Schläfen [...] der [...] hat [...] behalten, so dagegen die Umschrift [...] erhält die [...] Bedeutung bei, so gibt das »so-[...] behält an die Augen« immer einen guten Sinn. In [...] Fällen [...] ist es uns völlig unthunlich, an der lokalen Be-[...] festhalten für die ja sonst vieles spricht. LX, 15 und [...] vielleicht [...] zu umschreiben und doch der zeit-[...] Bedeutung der Vorzug zu geben. Wir denken dieser Frage später [...] eingehende Untersuchung zu widmen. — In der zwölften [...] durch die Dissertation des Herrn L. DANELIUS [...] des [...] zu der Vermuthung geführt, dass [...] vielleicht den Safran zu er-[...] beim Cholchanum magus die Wurzeln, beim Cro-[...] die [...] enthalten. Unter allen Umständen [...] selbe actuelle Pflanzenstoff als welchen wir ihn [...] bestreiten, es sowohl den Safran als auch [...] dieser [...] gewonnen wurde. Dafür [...] Name des Cholchanum magus *costo*. [...]